Jenny Garrison

Innere Bilder

Jenny Garrison

Innere Bilder

Die Kraft der Tiefenimagination

Aus dem amerikanischen Englisch
übersetzt von Laura Spies

Ryvellus
bei Neue Erde

Bücher haben feste Preise.
2. Auflage 2023

Jenny Garrison
Innere Bilder

Der Titel des englischen Originals lautet »Imagery In You«.
Übersetzt aus dem amerikanischen Englisch von Laura Spies.
Lektorat: Andreas Lentz

Titelseite:
Illustration: Johanna Lentz
Gestaltung: Dragon Design

Satz und Gestaltung:
Dragon Design
Gesetzt aus der Berkeley Oldstyle und der Minion Italic

Gesamtherstellung: Books on Demand GmbH, Bad Hersfeld
Printed in Germany

ISBN 978-3-89060-673-6

Ryvellus ist ein Imprint bei Neue Erde.

Neue Erde GmbH
Cecilienstr. 29 · 66111 Saarbrücken
Deutschland · Planet Erde
www.neue-erde.de

Widmung

Dieses Buch handelt vom Einstieg in die Tiefen unseres Seins, um daraus die Schätze der Weisheit und des Verstehens zu bergen. Ich widme dieses Buch den Schatzsuchern; jenen Männern, Frauen und Kindern, die seit alters her selbst in die Erde hinabgestiegen sind, um die Schätze zu bergen, die uns schmücken, uns warmhalten und uns erfreuen.

Diese Widmung richtet sich ebenso an Eligio Stephen Gallegos, meinen ersten Lehrer der Tiefenimagination, sowie an alle Tiere, die als Lehrer zu uns kommen.

Inhalt

Selbstfindung

Sich mit seinen Sorgen befassen

Reisen mit offenem Ausgang

Überlegungen zum Schluss

Das Poster mit der Kurzanleitung
findet sich als Download hier:
shop.neueerde.de/innere-bilder-plakat

Prolog

In diesem Buch geht es darum, die Imagination als Sprache des heiligen Inneren des Menschen zu nutzen. In einer Zeit eines nie dagewesenen äußeren Wachstums der Menschheit und ihrer Werke ist ein Ausgleich als stabilisierende Kraft wesentlich und notwendig. Wenn äußeres Wachstum nicht durch inneres Wachstum ausgeglichen wird, folgen Unzufriedenheit und Krankheit. Inneres Wachstum verbindet uns als menschliche Wesen mit der gesamten Schöpfung, mit der Erde und ihren Meeren, mit den Sternen und dem Universum und mit unserem Schöpfer. Wenn genügend Menschenwesen ihre Bruder- und Schwesternschaft mit allem, was ist, erkennen, wird sich die Waage in Richtung Gleichgewicht bewegen.

Die Augen werden auf neue Weise sehen. Die Ohren werden auf neue Weise hören. Die Erde wird auf neue Weise und von vielen geliebt werden.

Die innere Reise ist keine egoistische. Es ist eine Reise großer Selbstlosigkeit. Wenn wir die menschliche Innenwelt erforschen, können wir in jedem einzelnen Herzen die Weisheit der Unendlichkeit sehen, die Lehre, die verborgen in jeglicher Schöpfung, in jedem Gegenstand und in jedem Wesen wohnt. Unser Herz kehrt dann an seinen ursprünglichen Platz im Herzen der Schöpfung zurück. Wir kehren zu unserem wahren Selbst zurück. Wir kehren zur Schönheit unseres Seins zurück und treten wieder in Beziehung zu allen Dingen. Das Gleichgewicht ist wieder hergestellt, nicht nur in unserem physischen und in unserem Emotionalkörper, sondern ebenso mit der Erde und all ihren Wesen. Ausgleich ist ein hochgestecktes Ziel, aber die Wiederherstellung des Gleichgewichts ist eine Aufgabe von uns allen. Die Arbeit mit Tiefenimagination ist befreiend und freudvoll. Wenn wir die Imagination nutzen, um unseren Blick auf die inneren Schätze unserer Wahrheit zu richten, können wir die große Welt aus einer anderen Perspektive betrachten. Die Edelsteine unseres inneren Wissens kommen zu uns, um uns zu begrüßen, und während dieses Prozesses fällt alles, was wir nicht sind, von uns ab, um uns unser wahres Zuhause in dem großen Mysterium von allem, was ist, zu zeigen.

Vorwort

Ein Wintermond erhellt die Nacht. Verschiedene Entscheidungen stehen an, und ich kann keinen Schlaf finden. Von Beruf bin ich Begleiterin und Lehrerin der Tiefenimagination. Ich sage meinen Schülern oft, dass Schlaflosigkeit eine wundervolle Einladung zur Imagination ist. Also tue ich eben das, was ich lehre, und begebe mich nach innen.

Ich bitte Gott, mit mir zu sein, während ich meinen Körper entspanne und mein Denken beruhige. Ich rufe ein Bild aus meinem Inneren hervor.

Ich nehme eine Meeresschildkröte wahr, die im Wasser des Ozeans schwimmt. Ich begrüße Meeresschildkröte und frage sie: »Hast du eine Botschaft für mich?«

Schildkröte antwortet nicht mit Worten, sondern nimmt mich mit hinunter auf den Meeresgrund. Dort wird mir eine Schatzkiste gezeigt. Schildkröte öffnet die Truhe und holt Edelsteine daraus hervor.

Ich lausche, während Schildkröte mir von dieser Buchveröffentlichung erzählt und davon, mein Wissen über das Wiedererlangen innerer Schätze zu teilen; davon, das Wissen über die Tiefenimagination zu teilen. Ich frage, ob das stimmt, und Schildkröte antwortet: »Ja.«

Dann nimmt mich Schildkröte mit an einen kleinen, von Bäumen gesäumten Strand. Als wir an Land kommen, sieht Schildkröte mich an und sagt das Wort »gefährlich«. Ich bin etwas erschrocken und sage Schildkröte, dass ich sie nicht verstehe. Vor meinem geistigen Auge taucht schließlich ein kleines Spielzeug auf, das ich als Kind hatte: ein kleiner runder Käfer auf Rädern. Man konnte ihn mit seinen Rädern in alle Richtungen über den Boden ziehen, ganz gleich, was um ihn herum lag oder ihm im Weg stand. Schildkröte sagt mir, dass ich genauso draufgängerisch handele wie der Käfer und dass es starke, tiefe Strömungen gäbe, die Teil eines vollkommenen Lebens sind, und dass ich diesen tiefen, freudvollen Strömungen meines Lebens nicht genügend Beachtung schenke, dass ich in meiner Ausrichtung zu getrieben und gefühllos geworden sei.

Ich weiß, dass das stimmt.

Ich hole tief Luft und spüre die Strömungen um mich her. Ich spüre die Ströme der Freude und des Lachens, während mein Mann und meine

Kinder im stillen Haus schlafen, und die Unschuld unseres Hundes, der auf dem Bettvorleger neben mir träumt.

Ich werde mir jedes Augenblicks der Freude bewusst, den ich durch mein eingeschränktes Leben verpasst habe, und werde aufgefordert, loszulassen, mich zu weiten, mich in diese tieferen Lebensströme zu begeben und zu sehen, was sie ermöglichen und wohin sie führen.

In dieser Nacht spricht Schildkröte mit mir auch über das Bedürfnis nach Nahrung. Sie zeigt mir, dass Essen für Schildkröte ein primitiver, beinahe grausamer Akt ist. Ich weiß, dass diese Botschaft nicht wortwörtlich vom Essen handelt, sondern von der Teilnahme an den ursprünglichen Dingen des Lebens wie Geburt und Tod, Schmerz und Freude, Liebe und Leid.

Ich fühle Schildkrötes Körper, der auf mir liegt und ein Teil von mir wird. Ich danke Schildkröte und verabschiede mich. Die Welt scheint jetzt ein neuer Ort zu sein. Etwas hat sich auch in mir selbst verändert. Ich verspüre eine Leichtigkeit, die Bereitschaft, mich auszudehnen, und Lust auf Abenteuer.

In jener Nacht kam der Schlaf nach meiner inneren Reise wie ein Freund zu mir. Die neue Bewusstheit war noch immer in mir, als ich erwachte. Sie lebt in mir, seit diese Bilder mich durchdrangen.

Ich habe gelernt, die Welt der Tiefenimagination zu betreten. Du kannst es auch. Dieses Buch ist dein Begleiter. Alles, was du brauchst, um deine eigene Reise anzutreten, liegt bereits in dir. Dieses Handbuch wurde geschrieben, um die natürliche menschliche Fähigkeit zur Imagination wiederzuerwecken. Jeder kann die Tiefenimagination nutzen, um mehr über sich selbst und seine Welt herauszufinden. Ganz gleich, ob du diese Reise alleine machst, mit einem vertrauten Freund oder mit einem ausgebildeten Begleiter; du wirst in jedem Fall glücklich darüber sein, was dir deine innere Welt zeigen wird. Deine Bilderwelt wartet auf dich.

Teil I

Worum es bei der Tiefenimagination geht

Einführung

Tief in deinem Wesen verankert hast du ein riesiges Reservoir an Weisheit und Wissen, das aber in deinem geschäftigen Leben kaum genutzt wird. In deiner inneren Welt sind die Rhythmen deiner Seele und die Samen deiner Bestimmung angelegt, der Geschmack und der Duft deines einzigartigen Selbst, so wie sie durch die Liebe deines Schöpfers und das unendliche Wunder der Schöpfung erschaffen wurden. Kurz gesagt: Tief in deinem Inneren findet sich ein verborgener Schatz: deine Wahrheit. Mit Hilfe der Tiefenimagination kannst du in liebevoller Annäherung diesen Schatz in dein alltägliches Leben bringen.

Wir Menschen werden uns unserer inneren Welt meist dann bewusst, wenn uns etwas berührt und unsere Aufmerksamkeit nach innen lenkt… vielleicht ein schönes Musikstück oder ein Gedicht, das uns Gänsehaut verursacht, ein Kunstwerk, ein wunderbares Gebet, die Stille tiefer Meditation oder die Natur. Doch die Wahl, diese unsere Innenwelt zu erforschen, können nur wir selbst treffen.

Wir können mit dieser Welt in Kontakt treten und sie bitten, sich uns zu offenbaren.

Wenn wir die innere Wahrheit bitten, sich zu zeigen, geht ein Impuls an die Welt der Imagination, und sie lässt sich auf uns ein. Wir bitten die Bilderwelt, uns die Weisheit unserer Tiefen zu zeigen, uns unsere inneren Welten zu offenbaren.

Dieser Prozess heißt Tiefenimagination.

Tiefenimagination steigt aus dem geheimnisvollen Ort in dir auf, der auch als die angeborene Imagination bekannt ist. Dieser Ort ist wie eine allgegenwärtige Schatzkiste, in der keiner deiner Anteile verleugnet wird. Deine inneren Bilder haben den vollen Zugang zu allen Bereichen deiner Seele, zur Weisheit und zu den Bedürfnissen und Gefühlen deines Körpers. Sie haben aber auch Zugang zu der Energie in dir, die dich mit dem großen Wissen, mit Gott oder dem Göttlichen verbindet.

Tiefenimagination schenkt dir den Zugang zu der großen »Bedienungsanleitung« in deinem Inneren, an die du dich jederzeit und mit jedem Anliegen wenden kannst. Deine innere Welt will, dass du nach

Hause kommst, um der oder die zu sein, der oder die du wirklich bist. Sie wird dir alles geben, was du brauchst, wenn du nur bereit bist, dorthin zu gehen und zu lauschen, nicht nur mit deinen physischen Ohren, sondern auch mit deinen inneren Sinnen und deinem ganzen respektvollen und aufmerksamen Selbst.

Die Cherokee haben ein Sprichwort: »Lausche, sonst wird dich deine Zunge taub machen!« Das Zuhören ist eine Kunst. Lauschen ist die Fähigkeit, die du kultivieren musst, wenn du dich darauf vorbereitest, mit deiner inneren Welt zu sprechen. Ich benutze das Wort »lauschen« im Sinne einer tiefgreifenden Öffnung deiner Sinne, der achtsamen und vollständigen Aufmerksamkeit, die du dem gibst, was du in deiner inneren Welt siehst, hörst und spürst. Deine innere Welt wird sich dir durch Bilder, Geräusche, Gerüche, Erinnerungen, Worte, Farben und Gefühle zeigen. Dann wirst du aufgerufen, auf das zu antworten, was du gehört, gesehen und gespürt hast. Auf diese Weise wird eine Unterhaltung beginnen. Du wirst sehen, dass die Richtung, die diese Unterhaltung nimmt, dich nach Hause führt. Die Weisheit, die dich erschaffen hat, lebt in dir und wartet darauf, dich zu dir selbst zurückzubringen, sie wartet darauf, dich mit grenzenlosem Verständnis und Einfühlungsvermögen in die Ganzheit und Liebe zu bringen.

Der äußere Rahmen für die Erforschung der Innenwelt durch Imagination ist bekannt als die Reise nach innen, in das Unterbewusstsein. Es ist eine Reise hinein in die Tiefen der inneren Welt. Um diese Reise zu unternehmen, stimmst du dich seelisch und körperlich ein und rufst dann nach Bildern. Aufnahmebereit schaust und hörst du mit all deinen inneren Sinnen und beginnst ein Gespräch mit den Bildern, die aus deiner einzigartigen inneren Welt zu dir kommen. Das ist Tiefenimagination, und das ist die Methode, die dir in diesem Buch nähergebracht werden soll.

Du wirst sehen, dass die Bilder, die zu dir kommen, ganz genau wissen, was du brauchst, selbst wenn du dir dessen in deinem Denken gar nicht bewusst bist. Die Bilder aus deinem Inneren werden sowohl die Richtung als auch den Fortgang deiner Reise festlegen. Du musst nichts planen. Tatsächlich würde Planung nur störend wirken. Deine innere Welt wird sich dir in allen nur möglichen Erscheinungen zeigen; von komisch und ungeheuerlich bis hin zu heilig und wunderbar. Du wirst durch eine unendliche Vielfalt verschiedener Landschaften reisen, in denen herrliche Schönheit und unerwartete Normalität ebenbürtige Spieler sind.

Du wirst sehen, dass du dem vertrauen kannst, was zu dir kommt. Du wirst lernen, dass die Bilder, die Gefühle der Angst in dir auslösen, nur dazu da sind, dich an einen neuen Ort der Heilung, Liebe und Entdeckung zu bringen. Du wirst sehen, dass die Bilder, die zu dir kommen, hundertprozentig zu dem Menschen gehören, der du wirklich bist.

Dieses Buch wird dir erklären, wie du dich auf die Reise nach innen vorbereiten kannst. Alles, was du für diese Entdeckungsreise benötigst, ist Zeit, Mut und die Bereitschaft dazu.

Die Zeit wird neue Fähigkeiten aus deiner Tiefe hervorbringen, die sich immer weiter entwickeln. Wenn du deine Aufmerksamkeit den inneren Bildern widmest, wird dir gezeigt werden, was du dringend sehen sollst. Du wirst geführt werden, wo du Führung brauchst, und du wirst lernen, was du lernen musst, während dich der Prozess sanft zu deinem vollkommenen Potential führt. Die tiefe Intelligenz in dir will dir den Weg zu größtmöglichem Wachstum zeigen.

Stelle dir vor, du bist vollkommen aufnahmebereit, bewusst, und reagierst auf jedes Signal, das du in deiner äußeren Umgebung wahrnimmst. Diese wachsame Art der Wahrnehmung ähnelt der Empfindsamkeit der Tiere. Alle deine Sinne sind wach und warten darauf, Signale von der Welt um dich herum zu empfangen. Diese Art von Empfänglichkeit ist die Achtsamkeit, die wunderbare Ergebnisse ermöglicht, wenn du dich darin übst, vor allem in der Gegenwart von kleinen Kindern, von Tieren oder in der Natur. Diese Empfänglichkeit wird nur dann zu einem Austausch, wenn du die Botschaft, die du bekommen hast, in dir aufnimmst und anschließend ehrlich und aufrichtig auf sie reagierst. Auf diese Weise kannst du dich selbst in einer Unterhaltung mit einem Baum wiederfinden, mit einem Stern, selbst mit einem Purpurgimpel. Du wirst Teil der hinter den Bergen untergehenden Sonne oder des Meeres am Morgen, umwuselt von schutzsuchenden Krebsen. Du führst eine »Unterhaltung« mit der Welt um dich herum. Du bist offen und empfänglich.

In der inneren Welt kannst du auf diese Weise Botschaften, um die du gebeten hast, bekommen. Vielleicht spürst du bestimmte Worte und die Gefühle, die mit ihnen einhergehen. Diese Arbeit verlangt von dir, dass du in dich selbst hineinspürst, um eine Botschaft zu erhalten, dass du sie wirklich aufnimmst und auf sie reagierst. Tiefenimagination ist eine vollkommen andere Art des Lernens. Denn dein inneres Selbst kennt deine Fragen; und es wird sie irgendwann beantworten. Vielleicht gibt es andere, von dir unerwartete Themen, die dein innerstes Wesen als wichtig für das Wohl deiner Seele erachtet. Vertraue darauf, dass deine innere Welt dir das geben wird, was du brauchst.

Ein Beispiel: *Marielle will wissen, warum ihr Freund das Interesse an ihr verloren hat. Ihre innere Welt zeigt ihr einen großen Engel, der Marielle eine Botschaft über die Schönheit überbringt. Der Engel zeigt ihr, wie Schönheit durch die Augen der Liebe reflektiert wird. Er zeigt ihr, dass sie die Welt durch die Augen der Liebe betrachten und diese Art zu schauen pflegen solle, dann würde sie sehen, was passiert... Wenn sie diese Art des Sehens entwickelte, würden Blicke voller Liebe zu ihr zurückkehren. Marielle nimmt aus ihrer Reise also eine Übung mit, die ihr ihr tiefes Wissen in Gestalt eines großen Engels übermittelt hat. Ihre Aufgabe ist es nun, die Welt mit den Augen der Liebe zu sehen. Dies ist eine Übung, die ihre Seele nähren wird. Ihr innerstes Wesen hat das Problem mit dem Freund nicht als eigentliches Problem erkannt, sondern als Türöffner zu einem Raum für tiefgreifendes Wachstum und die Fähigkeit, zu lieben.*

Auf diese Art kommt der Prozess in Gang. Die innere Welt trennt die Spreu vom Weizen und holt die wertvollen Körner aus der Schale der Weisheit.

Eine Tiefenimaginationsreise beginnt und endet mit dem Erkennen dessen, wer oder was dich weiterbringt. Die Reise ist buchstäblich erfüllt von dem Wissen deiner inneren Welt, so wie sie sich dir in Bildern offenbart. Das Wissen, das du auf deiner Innenreise gesammelt hast, wird Teil von dir und deinem Leben, wenn du wieder in die Welt des alltäglichen Bewusstseins zurückkehrst. Dein inneres Wissen wandelt sich und bringt dich in deine Ganzheit; es bringt dich nach Hause zu deinem wahren Selbst.

Bei vielen von uns ist die Vorstellungskraft eingeschlafen, seit wir keine Kinder mehr sind. Sie hat uns in unserem Leben nur selten geleitet. Darum müssen wir symbolisch einen Raum schaffen, um auf diese Entdeckungsreise gehen zu können. Wir müssen an einem unberührten Ort in unserer Seele beginnen und die innere Welt bitten, zu uns zu kommen, um uns durch Bilder, Worte und Geschichten, die aus unserer eigenen Mitte kommen, unser wahres Selbst zu offenbaren. Wir müssen die Spinnweben unseres angehäuften Misstrauens und unseres Zynismus beseitigen, die unsere Vorstellungskraft verdunkeln, um die Wunder unserer inneren Welt hervorzurufen und die Schätze der Wahrheit in uns freizulegen.

Deine innere Welt ist immer da. Sie ist immer verfügbar. Du kannst tatsächlich an deine eigene Tür klopfen und das Wissen deines wahrhaftigen Selbst einsammeln. Die Möglichkeit, mit der Tiefenimagination zu arbeiten, ist nicht nur einigen wenigen Glücklichen vergönnt, sondern eine gottgegebene Fähigkeit, die jedem in seiner Einzigartigkeit geboten ist. Sie ist in jedem gewärtig. Tiefenimagination ist die Sprache der inneren Welt, durch die sie sich uns mitteilt. Sie verlangt den bewussten Einsatz deiner Vorstellungskraft und inneres Lauschen, damit du deine Welt und dein Wesen aus einer inneren Perspektive heraus erforschen kannst.

Kapitel 1

Mit dem »Rezept« arbeiten

Rezepte sind altertümliche Magie. In ihnen sind Zutaten aufgelistet, sie bieten Anleitungen zur Vorbereitung und zum Vermischen dieser Zutaten, so dass etwas Neues und Schmackhaftes dabei herauskommt. Das Wort »Rezept« bezog sich ursprünglich auf arzneiliche Zubereitungen. Diese begrenzte Bedeutung hat sich inzwischen erweitert zum Herd, zur Nahrungszubereitung und zur Kunst des Lebens. Rezepte oder Zutatenlisten und deren Kombination sind gewöhnlich einfach gehalten, so dass man sie leicht nachvollziehen kann. Möglicherweise gibt es Unterschiede im Endergebnis, da jeder Mensch dem Rezept etwas hinzufügt oder etwas weglässt, eine besondere Note verwendet oder eine Zutat ersetzt. Das Rezept selbst soll eine allgemeine Anleitung sein, eine Art Grundformel. Es wird durch jeden Koch individuell abgewandelt, ist aber doch ein hilfreicher Wegweiser für jeden, der sich daran orientieren möchte.

Ich habe den allseits bekannten Begriff »Rezept« gewählt, um über Imagination zu schreiben. Das Rezept, das nun folgt, wird dir helfen, eine Beziehung zu den Bildern und Botschaften in dir herzustellen. Durch meine Arbeit mit Imagination weiß ich, dass es ein großes Bedürfnis nach einem einfachen Werkzeug gibt, das von den Menschen dazu genutzt werden kann, Zugang zu ihren inneren Welten zu bekommen. Dieses Bedürfnis führte zu dem einfachen Rezept, welches man als Hilfestellung im Kopf behalten oder sich im Buch markieren kann. Möglicherweise wirst du durch dieses Rezept auf Zutaten aufmerksam, deren Fehlen deine bisherigen Versuche, nach innen zu reisen, erschwert hat. Vielleicht ist es aber auch deine erste wirkliche Eintrittskarte in deine innere Welt und zu den Reichtümern, die dort auf ihre Bergung warten. Dieses Rezept ist eine Darreichung in Form einer einfachen, richtungweisenden Formel, die dir dabei helfen wird, die Schätze deiner eigenen Wahrheit zu bergen. Es wird dir helfen, die Bilder und Botschaften zu empfangen, die Teil deines inneren Wissens sind. Du kannst es nach Belieben verändern, so, wie es für dich am besten funktioniert.

Deine innere Welt wartet nur darauf, dir die Unermesslichkeit deines Seins zu enthüllen. Deine Bilder warten darauf, dir von dir selbst zu erzählen und davon, wie du zur übrigen Welt stehst. Deine innere Welt ist voller Schätze, voll Weisheit und Wahrheit. Experimentiere mit dem Rezept. Es wird dir manche Überraschung bereiten und dir das sichere Wissen bescheren, dass du Teil von etwas Großem und niemals alleine bist.

Nutze das Rezept auf der folgenden Seite oder das dem Buch beiliegende kleine Plakat, wenn du nach innen reist. Du kannst es direkt vor dich legen oder darauf zurückgreifen, wenn du jemanden begleitest. Vielleicht möchtest du es auch selbst auf eine Rezeptkarte übertragen, um leichter darauf zugreifen zu können.

Dieses Rezept ist dein Begleiter auf einer heilsamen Reise nach innen.

Das »Rezept« für Imagination

- ✦ Schütze den Raum. Bete.
- ✦ Beruhige deinen Geist, entspanne deinen Körper.
- ✦ Bitte ein Bild, sich zu zeigen.
- ✦ Betritt die entstehende Geschichte, indem du diese fünf wesentlichen Zutaten hinzufügst:
  - Begrüße das Bild. Danke ihm für sein Kommen.
  - Frage das Bild, ob es eine Botschaft für dich hat, ob es dir etwas zeigen oder sagen möchte. »Lausche« mit all deinen inneren Sinnen auf eine Antwort. Reagiere ehrlich darauf.
  - Frage das Bild, ob es irgendetwas braucht. »Lausche« mit all deinen inneren Sinnen auf eine Antwort. Reagiere ehrlich darauf.
  - Frage, ob noch irgendetwas geschehen soll. »Lausche« mit all deinen inneren Sinnen auf eine Antwort. Reagiere ehrlich darauf.
  - Danke dem Bild für sein Kommen. (Du kannst die Bilder auch um ein Abschiedsgeschenk in Form von Worten, Bildern oder einer Geste bitten.) Verabschiede dich auf die Weise, die dir angemessen erscheint.
- ✦ Kehre in die physische Außenwelt zurück.
- ✦ Schreibe deine Reise auf.
- ✦ Integriere deine Reise in dein Leben.

Sei immer wahrhaftig. Sei immer ehrlich. Erlaube dir alle Freiheiten in deiner inneren Welt. Es ist deine Welt. Sei respektvoll. Bleib beim Geschehen. Versichere dich, dass du die fünf wesentlichen Zutaten hinzugefügt hast.

Wie bei jedem Rezept können Zutaten hinzugefügt oder ausgetauscht werden, um das Rezept dem eigenen Geschmack anzupassen.

Teil 2

Ausübung der Imagination

Kapitel 2

Bete – Schütze den Raum

Der schlichte Akt, dein Bewusstsein auf die Gegenwart Gottes zu richten, wird dir Schutz bieten und den Großen Geist auf deiner Innenreise willkommen heißen.

Wenn man in der physischen Welt eine Reise antritt, ist es üblich, alles Gute zu wünschen und um Schutz und Segen für das Betreten neuer und unbekannter Gebiete zu bitten. Das Gebet schafft Bewusstsein für die Gegenwart des Geistes und lädt ihn als Begleitschutz ein, wenn du eine Innenreise antrittst. Bete auf die Weise, die für dich persönlich angenehm ist. Ein Gebet kann viele Formen annehmen. Lass es natürlich sein. Lass es von dort fließen, wo es herkommt oder wo du stehst. Für manche ist das Ehren der inneren Stille ein Gebet. Für andere stellt das bewusste Bitten um Gottesbegleitung bei der Innenschau einen Teil des Gebets oder auch das gesamte Gebet dar. Schon das bloße Atmen kann das Gebet sein, sobald du dein Bewusstsein darauf richtest.

Ich selbst verbrenne manchmal Salbei in Räucherbündeln nach der Art der Indianer als Vorbereitung zum Betreten des heiligen Raumes der inneren Welt. (Diese Methode ist als »Smudging« bekannt.) Dies ist nur ein Beispiel für eine Art persönlichen Gebetsstils oder Rituals. Lasse dein Gebet dein eigenes sein.

Vielleicht haben bestimmte Gebetsworte eine Bedeutung für dich. Du kannst sie leise sprechen, während du dich nach innen richtest. Gebetsworte, die ich liebe, stammen aus einer Geschichte, die ich als junge Frau gelesen habe (»The Scent of Water« [deutsch: Das Erbe der Miss Lindsay] von Elizabeth Goudge). Sie sind einfach, stark und immer in meinem Kopf. Ich werde sie hier mit dir teilen:

Lord have mercy.	Herr, erbarme dich.
Thee I adore.	Dich verehre ich.
Into thy hands.	In deine Hände.

Wie auch immer du beten magst, sei dir bewusst, dass die Hinwendung zum Geist am Anfang deiner Reise in deine Innenwelt das, was dir dort begegnen wird, beeinflusst. Die Ausrichtung auf das Göttliche bietet Schutz vor der Furcht vor dem Bösen. Sie unterstützt dein Vorhaben, in deine Ganzheit und Göttlichkeit zurückzukehren. Diese Ausrichtung auf das Göttliche stärkt das Vertrauen in die Geschichten, Lehren und Informationen, die aus deiner Innenwelt kommen.

Genauso wie Beten dein inneres Wesen schützt, während du reist, können auch äußere Vorbereitungen deine Fähigkeit, nach innen zu reisen, verbessern.

Versuche, diese Reise in einer Umgebung zu unternehmen, die frei von Ablenkung ist. Das ist nicht immer notwendig (oder möglich!), kann aber sehr hilfreich sein, besonders am Anfang. Selbst wenn deine Augen geschlossen sind, ist gedämpftes Licht hilfreich und wird das innere »Sehen« erleichtern. Ein Tuch oder ein Augenkissen über deinen Augen kann dir dabei helfen, das Sehen mit deinen Augen zur Ruhe zu bringen und deine Aufmerksamkeit nach innen zu lenken.

Schütze den Raum soweit es geht. Dieser Schutz kann darin bestehen, dass du das Telefon abstellst oder die Tür abschließt. Mögliche Störquellen abzustellen, wird dein Gefühl der Sicherheit erhöhen und dir so helfen, dich zu entspannen und dich deiner Bilderwelt hinzugeben. Finde eine bequeme Position. Wenn du sehr müde sein solltest, dann sitze lieber, anstatt zu liegen.

Sobald es sich für dich gut und richtig anfühlt, dich mit deinen inneren Bildern zu befassen, wirst du auch inmitten von Ablenkungen dazu in der Lage sein, deine innere Welt zu Rate zu ziehen. Erinnere dich trotzdem daran, dass ein geschützter Raum deiner Innenreise Ehre erweist und sie unterstützt, besonders wenn du noch am Anfang stehst.

Kapitel 3

Beruhige den Geist – entspanne den Körper

Himmel, Erde, Feuer und Wasser

Atme tief ein und dann aus. Erlaube deinen Schultern, sich zu entspannen. Lass dein Bewusstsein an einen Ort tief in deinem Körper sinken, in die Region von Magen und Unterleib. Lass deine Knie sich entspannen. Spüre die Stelle, an der deine Füße den Boden berühren.

Auf einer inneren Ebene findet eine Rückkehr statt, wenn du dich deinem Körper hingibst, anstatt ihn anzuspannen. Diese Hingabe vertieft deine Verbindung mit deinen inneren Rhythmen, während du dich deiner Quelle näherst, deinem Mittelpunkt. In diesen inneren Rhythmus einzutreten, bedeutet, dich in den Fluss zu begeben, der dich zu deiner inneren Welt trägt. Der Fluss selbst ist zudem ein Ort der tiefgreifenden Erfrischung und Verjüngung.

Wenn du dich nach innen wendest, gibt es eine hilfreiche Übung, bei der du dir bewusst machst, was Oben und was Unten ist; Himmel und Erde. Deine Atmung verbindet dich innig mit dem Himmel. Dein Körper und sein Rückhalt verbinden dich zutiefst mit der Erde. Das Herstellen dieser inneren Verbindung zwischen Himmel und Erde wird die Beruhigung deines Geistes ebenso unterstützen wie die tiefe Entspannung deines Körpers.

Himmel und Erde

Wenn du einatmest, nimmst du Luft in deinen Körper auf. Strecke dich nun in deinem Geiste und nimm den Vorgang des Luft Einatmens wahr. Was ist es, was du in deinem Körper aufnimmst? In Wahrheit ist es der Himmel.

Der Himmel ist die Atmosphäre, die unseren Planeten umgibt. Atme sie ein. Was du einatmest, ist die Luft, die dorthin zirkuliert ist, wo du dich gerade befindest, genau in diesem Moment, in dem du das liest. Dieselbe Luft wurde auch von Millionen anderer Wesen geatmet, von Tier und Mensch. Die Luft, die du atmest, wurde durch Bäume und andere Pflanzen gereinigt. Blätter sind durch die Luft gesegelt, Regen ist darin gefallen und vielleicht auch Schnee. Sie ist der unsichtbare Mantel, durch den du den Nachthimmel sehen kannst. Du bist völlig von ihr abhängig. Ohne sie stirbt dein Körper in kürzester Zeit.

Jedes Mal, wenn du einatmest, tritt diese Luft in deinen Körper ein. Jedes Mal, wenn du ausatmest, gibst du das Abfallprodukt deines Einatmens frei, welches nicht länger benötigt wird. Dieses Ein- und Ausatmen ist der Vorgang des Atmens. Kohlenstoffdioxid, welches wir als Abfallprodukt ausatmen, wird wiederum von der grünen Welt der Pflanzen recycelt. Unser Atmen ist ein elementarer Bestandteil des großen Lebenskreislaufes selbst.

Atme ein. Achte genau auf den Vorgang des Atmens und das Gefühl des Atems, während er in dich hinein und wieder aus dir heraus strömt. Die Substanz dieser Luft, die du gerade atmest, findet ihren Weg in jede Zelle deines Körpers. Erneuerung geschieht durch jeden Atemzug, ungeachtet deiner Aufmerksamkeit, die du darauf richten magst. Dieser Luftaustausch nimmt mit deiner Geburt ihren Lauf, vom Augenblick deines ersten Atemzuges an. Er wird fortlaufen bis zu jenem unbekannten Tag, an dem du deinen letzten Atemzug tust. Das Atmen begleitet dich in jedem einzelnen Moment deines Lebens.

Es gibt viele Methoden der Arbeit mit dem Atem. Aber um deinen Geist zu beruhigen und deinen Körper zu entspannen, versuche einfach, deinen Atem zu beobachten. Stelle dir vor, wie die frische Luft durch all deine Körperteile strömt. Beobachte auch das Ausatmen. Atme das aus, was die Pflanzen und Bäume wieder vorfinden werden. Atme das aus, was du nicht länger benötigst, gib es frei, zurück in die Luft. Diese entlassene Luft ist zärtlich in dich hinein und aus dir heraus geströmt. Das Geschenk der Luft erhält dich am Leben. Beobachte es, während es dich durchströmt.

Dein atmender Körper besteht aus vielen Stoffen. Dein Körper ist dein Zuhause, während du auf der Erde lebst. In vielen Schöpfungsgeschichten wurde der menschliche Körper aus Erde gemacht.

Richte nun deine Gedanken auf die Erde. Stelle dir vor, wie sie sich unter dir befindet. Selbst wenn du in einem Flugzeug bist, befindet sich die Erde noch immer unter dir. Wenn du dich auf einem Schiff inmitten des Ozeans befindest, ist unter dir die Erde; der Grund des Ozeans. Wenn du in einem Gebäude bist, kann es sein, dass du viele Schichten von Stockwerken durchdringen musst, bis du dich mit der Erde verbinden kannst, aber du wirst sie dort, unter dir, finden. Selbst in einer Stadt, in der ein Fleckchen Erdboden selten ist, trägt die Erde still die Struktur der gesamten Stadt.

Wann immer ich in einer Großstadt bin, richte ich meine Aufmerksamkeit nach unten und nehme Verbindung mit der Erde auf. Diese Strecke nach unten geht durch so viele Schichten: Fußgängerzonen, U-Bahn-Strecken, Leitungssysteme und Passagen. Letztlich aber ist dort immer die Erde, die dich und alles, was zwischen dir und ihr liegt, trägt. Ohne die Erde gibt es nichts, worauf du deine Füße stellen könntest, nichts zu essen und keinen Ort, darauf zu leben.

Als Mensch bist du fest an die Erde gebunden. Dein Körper ist aus vielen derselben Elemente zusammengesetzt wie die Erde. Der Salzgehalt der Flüssigkeiten deines Körpers ist derselbe wie der der Weltmeere. Deine Gestalt und die Gestalt der Erde haben ähnliche Grundmuster. Die Arterien und Venen deines Körpers sind wie die Wasserläufe des Planeten. Die Struktur der Bronchien und Lungenbläschen in den Lungenflügeln sind in ihrer Erscheinung den Blättern der Laubbäume ähnlich.

Wenn du stirbst, wird dein Körper zur Erde zurückkehren. Wenn deine Lieben sterben, begräbst du ihre Körper oder streust ihre Asche in oder auf die Erde. Die Erde ist dein Zuhause, während du hier bist.

Denke immer daran. Suche nach deiner Verbindung mit der Erde. Das zu tun, ist nicht schwierig, weil zwischen deinem Körper und der Erde eine tiefe, innige Beziehung besteht. Spüre den Ort, an dem dein Körper den Boden berührt, und richte deinen Geist darauf, um zu spüren, wie die Erde dich trägt.

Und nun verbinde diese beiden Dinge in deinem Geist miteinander… Himmel und Erde, Atem und Körper. Stelle dir die runde Erde umgeben von Himmel vor.

Atme den Himmel in die Erde deines Körpers.

Richte dein Bewusstsein darauf. Entspanne dich. Du bist ein Teil von allem. Du bist mit allem verbunden.

Dieses Spüren der Erde und des Himmels bringt dich nach Hause in dein Selbst, während du zu dem inneren Ort reist, an dem sie miteinander verschmelzen. Dies ist ein Ort tiefer Zugehörigkeit, ein Ort, an dem die Imaginationsreise beginnen kann.

Je häufiger du diese Verbindung bewusst eingehst, um so einfacher wird es. Wenn du unter Zeitdruck stehst, reichen ein oder zwei Minuten aus. Das Verbinden von Himmel, Atem, Erde und Körper geschieht schnell in unserem Bewusstsein, weil diese Einheit bereits als Teil unserer physischen Umgebung existiert – geduldig, stark und immerdar – von innen und außen.

Wenn du diese Verbindung in voller Absicht eingehst, werden deine Gedanken ruhig, und dein Körper vertieft seine Entspannung. Diese Verbindung wird zu einem Eingang in die innere Welt, die Welt der Bilder.

Feuer und Wasser

Unsere Vorfahren lebten in inniger Gemeinschaft mit den Mysterien und Rhythmen der Natur und ehrten ihre Elemente, welche das Leben bilden. Diese Ehrerbietung war Teil nahezu aller ursprünglichen Kulturen. Feuer und Wasser wurden ebenso wie Erde und Himmel angebetet. Als ich das Reisen in die Imagination und in die Magie der Gelöstheit in Erde und Himmel lernte, habe ich mir oft Gedanken über Feuer und Wasser gemacht.

Ich bin zu dem Schluss gekommen, dass Feuer und Wasser in uns sind. Die Anwesenheit von Feuer im menschlichen Wesen wird in der geheimnisvollen Einheit von Herz, Seele und Tat sichtbar. Das Schlagen des Herzens wird von elektrischen Impulsen ausgelöst. Herzschläge geben den Rhythmus vor, der all deine Reisen begleitet, sowohl die inneren als auch die äußeren. Botschaften reisen auf den Nervenbahnen im Rückenmark in das Gehirn hinein und wieder aus dem Gehirn heraus. Dies ist der Ort, an dem Impulse aus dem Außen in die kleinen Energiefunken verwandelt werden, welche die Impulswellen entlang der Nervenbahnen zum Gehirn tragen, wo die neu eingetroffene Informationen empfangen und ausgewertet werden. Hinter den Kulissen gibt das Herz mit seinem beständigen pulsierenden Rhythmus die Zeit vor.

Feuer ist der Funke, der den Willen entzündet, wenn wir uns entscheiden, unsere inneren Bilder zu suchen. Feuer existiert in der Alchimie, welche die inneren Bilder hervorbringt.

Wasser ist das Unterbewusste, der tiefliegende Ort, an dem alles ruht. Wir leben auf einem Wasserplaneten. Unser Körper besteht hauptsächlich aus Wasser. Wasser steht für unsere Tiefen, den Ort, zu dem wir mit unserem Bewusstsein hinabtauchen, wenn wir ein inneres Bild hervorrufen.

Ich arbeite häufig mit dem Bild eines Eisbergs, wenn ich meinen Klienten das Prinzip der Imagination erkläre. Ein wenig Eis ist oberhalb der Oberfläche sichtbar, und darunter liegt eine riesige Eismasse in den Tiefen verborgen. Mit diesem Bild veranschauliche ich, was von unserem Wissen für uns sichtbar ist – im Vergleich zu all dem Wissen, das tatsächlich in uns verborgen liegt.

Entspanne dich mit der Erde und der Luft; lasse deinen Vorsatz das Feuer deiner Suche entfachen, während du in die Gewässer deiner Tiefen hinabtauchst. Begib dich an den Ort, an dem deine Reise beginnt.

Kapitel 4

Bitte ein Bild, sich zu zeigen

Dieser Moment der inneren Arbeit ist aufregend und voller Überraschungen. Deine Einladung an ein Bild, zu dir zu kommen, weckt deine innere Welt und haucht deinen unbekannten inneren Bildern Leben ein.

Diese Einladung wird im Stillen ausgesprochen. Viele verschiedene Arten von Bildern können eingeladen werden. Die Einladung kann sehr zielgerichtet oder auch ganz allgemein sein. Beispiele von Bildern, die gerufen werden können, werden in Teil III dieses Buches genannt. Hier geht es erst einmal um die Einladung selbst.

Der Aufruf wird im Stillen, im Inneren gemacht. Das Bild wird gebeten, »sich zu zeigen«. Dann öffnest du deine inneren Sinne und wartest auf eine Antwort aus der inneren Welt. Vielleicht zeigt sich sofort ein Bild. Manchmal sehen Menschen ihre Bilder hinter geschlossenen Augen beinahe wie Gestalten auf einer Leinwand. Die Bilder stellen sich jedem auf unterschiedliche Art dar.

Mit etwas Zeit und Übung wirst du mit der Art vertraut werden, wie sich dir deine inneren Bilder zeigen. Wenn ein innerer Sinn, der kein Bild ist, vorherrscht, »hörst« du vielleicht eine Antwort auf deine Einladung, anstatt sie zu sehen. Es kann auch ein inneres Gefühl sein.

Vielleicht wird dir auch eine Kombination aus all dem bewusst. Manchmal erscheint ein Bild, das nicht vollständig zu sein scheint. Das ist okay. Bleibe einfach dem gegenüber präsent, was zu dir gekommen ist. Wenn du dir nicht sicher bist, was du »siehst«, teile das dem Bild mit. Frage, ob es bereit wäre, sich klarer zu zeigen. Möglicherweise zeigt sich das Bild zuerst nur teilweise; warte ab, was geschieht.

Vertraue auf das, was zu dir kommt. Das ist sehr wichtig. Das Bild, der Gedanke oder das Gefühl, das sich zeigt, ist vielleicht nicht das, was du wolltest oder erwartet hast, aber es wird die passende Reaktion auf deine Einladung sein. Finde heraus, was es dir übermitteln will. Große Weisheit entstammt manchmal einer völlig unerwarteten Quelle.

Erlaube dir, loszulassen, und lass dich von dem, was kommen mag, überraschen. Hingabe ist ein Teil dieses Wartens und auch ein Teil der Alchimie, die es dem Bild erst ermöglicht, aufzutauchen. Zweifel kann hier zum Saboteur werden. Wenn du dem Bild, das du bekommst, misstraust, wenn du denkst: »Das bilde ich mir ein« oder »Ich sehe das nur, weil ich gerade noch ein Bild davon gesehen habe«, sind das alles Aspekte des Zweifelns. Lasse diese zweifelnden Gedanken nicht deine Imagination untergraben.

Dein Unterbewusstsein hat unendlich viele Bilder, aus denen es auswählen kann. Es wird das Bild erscheinen lassen, das im Hinblick auf deine Frage oder Bitte wie die Faust aufs Auge passt. Vielleicht ist es tatsächlich ein Bild, das du kürzlich erst gesehen hast. Dieses Bild erscheint, weil es leicht verfügbar ist. Würde es jedoch nicht zu deiner Frage passen, wäre es nicht da. Möglicherweise gräbt dein Unterbewusstsein tief in deiner Vergangenheit nach einem Bild, oder es gräbt tief in der Sammlung der archetypischen Bilder. Du musst dir keine Gedanken darüber machen, warum oder wie ein bestimmtes Bild zu dir kommt. Es geschieht in dir ganz automatisch – schon von Geburt an. Dieses Empfangen von Bildern ist nichts, was du kontrollieren könntest. Vertraue einfach auf das, was kommt, und arbeite damit. Dein denkender Geist kann das Bild auseinandernehmen, wenn du fertig bist, aber versuche in diesem Stadium, erst einmal offen und vertrauensvoll zu sein.

Selbst ein Bild, welches zuerst furchterregend zu sein scheint, wandelt sich oft und hält mit der Zeit großartige Lehren bereit. Sei den Bildern gegenüber geduldig und empfänglich.

Sei nicht überrascht, wenn in deiner Außenwelt Bilder erscheinen, die in ihrer Form oder Energie denen ähnlich sind, die du in deiner Innenreise angetroffen hast. Häufig werden die Botschaften der Imagination von etwas bekräftigt, was du in der physischen Welt siehst oder hörst, von etwas, das du liest, von einer Erfahrung, die du hast, oder einem Zufall, der in deinem Leben auftaucht. Wenn wir uns entschließen, die Führung, die uns in die Ganzheit bringt, zu suchen und zu finden, schenkt uns das Leben seine Weisheit aus beiden Welten, aus der inneren und aus der äußeren.

Natürlich gibt es Zweifel, die dich von den Reichtümern deiner inneren Welt fernhalten wollen. Sie werden vielleicht versuchen, dich zu verunsichern, wenn du vertrauensvoller wirst und Übung bekommst. Sei dir darüber im klaren, dass Stimmen des Zweifels und der Ablehnung normal sind; bleibe einfach bei der Wahrheit der Bilder und im Vertrauen. Am Anfang musst du vielleicht *so tun, als ob* du vertrauen würdest. Während du dich aber darin übst und das Verständnis und die Hilfsbereitschaft erfährst, die dir die Innenwelt für deine Lebensführung bietet, wird das Vertrauen in deine innere Weisheit wachsen und in dir erblühen.

Kapitel 5

Betritt die entstehende Geschichte

Wenn du deine Aufmerksamkeit nach innen wendest und ein Bild hervorrufst, beteiligst du deine innere Welt. Nun ist es wesentlich, dass du beim Geschehen bleibst. Als ich diesen Aspekt der Imagination kennenlernte, hat mein Lehrer mir beigebracht, dass die Bewegung des Verbundenbleibens mit dem Bild so ähnlich ist, wie wenn man mit Nadel und Faden näht. Die Nadel schlängelt sich in das Tuch und wieder aus dem Tuch heraus, sie kehrt immer wieder zu ihm zurück und verbindet immer den Faden (deine Fragen, Gedanken und Gefühle) mit dem Tuch (dem Bild, das zu dir kommt). Du empfängst das Bild, du nimmst es in dir auf, und dann kehrst du mit einer Frage, einer Anmerkung oder einer Antwort in einer anderen Form zu dem Bild zurück. Du antwortest auf das, was du zu hören oder zu sehen bekommen hast.

Und so entwickelt sich die »Konversation« zu einem Fließen; sie fließt zwischen dir und dem Bild.

Um diesen Grad der inneren Konversation zu erreichen, musst du ausgerichtet sein, und dein Verstand kann dir helfen. Er kann als »Wachposten« dastehen und darauf achten, dass du mit deinem Bild verbunden bleibst. So gibst du ihm eine Aufgabe.

Dieser Schritt ist nicht notwendig, wenn du mit Begleitung arbeitest, mit jemandem, dessen Aufgabe es ist, dich mit deinem Bild verbunden zu halten. Wenn du deine Reise alleine machst, musst du dich *erinnern*, durch dieses Vor-und-zurück-Fließen der Konversation, indem du die fünf wesentlichen Zutaten nutzt.

1. Begrüße das Bild. Danke ihm für sein Kommen.
2. Frage das Bild, ob es eine Botschaft für dich hat, dir etwas zeigen oder sagen möchte. »Lausche« mit all deinen inneren Sinnen auf eine Antwort. Reagiere ehrlich darauf.
3. Frage das Bild, ob es irgendetwas braucht. »Lausche« mit all deinen inneren Sinnen auf eine Antwort. Reagiere ehrlich darauf.

4. Frage, ob noch irgendetwas geschehen muss. »Lausche« mit all deinen inneren Sinnen auf eine Antwort. Reagiere ehrlich darauf.
5. Danke dem Bild für sein Kommen. (Du kannst das Bild auch nach einem Abschiedsgeschenk in Form von Worten, Bildern oder einer Geste bitten.) Verabschiede dich auf die Weise, die dir angemessen erscheint.

Du tauchst in die Bilderwelt ein und erinnerst dich stets daran, mit ihr verbunden zu bleiben und die fünf Hauptzutaten zu nutzen.

Ein Teil von dir erzeugt das Bild, das erscheint. Wenn du merkst, dass du abdriftest, kehre ohne Selbstvorwürfe zu dem Bild zurück. Dieses Abdriften ist völlig normal und sehr menschlich. Indem du wahrnimmst, was in dir erscheint, und immer wieder dorthin zurückkehrst, entwickelst du die Fähigkeit, bei dir und mit deinem Bild verbunden zu bleiben.

Das Benutzen der fünf wesentlichen Zutaten

1. Begrüße das Bild. Danke ihm für sein Kommen.

Wenn du fühlst, dass ein Bild, welches du herbeigerufen hast, erscheint, erkenne es durch eine Begrüßung an. Lass die Begrüßung natürlich sein. Es kann ein einfaches »Hallo« sein. Es kann aber auch eine Verbeugung oder ein Kopfnicken sein. Begrüße das Bild auf die Art, die sich für dich richtig anfühlt. Hier hilft dir das Befolgen der einfachen Regeln der Höflichkeit. Dieses Bild ist ein geladener Gast. Begrüße es und danke ihm für sein Kommen. Dieser Dank ist Ausdruck der Wertschätzung der inneren Welt dafür, dass sie sich dir enthüllt.

Selbst nach Hunderten von Innenreisen bleibt dieser Schritt notwendig. Er ist Ausdruck der Dankbarkeit für das, was ist. Wenn man die Bilder würdigt, verstärken sie sich.

Wenn deine innere Welt respektvoll wertgeschätzt wird, wird es leichter, Zugang zu ihr zu finden; sie wird besser greifbar, sie »verstärkt« sich.

2. Frage das Bild, ob es eine Botschaft für dich hat, ob es dir etwas zeigen oder sagen möchte.

Das Bild, das dir erscheint, ist nicht ohne Grund gekommen. Es wird dich wissen lassen, warum es gekommen ist. Dies kann in einer klaren, bündigen Art geschehen, aber es ist wahrscheinlicher, dass es durch Geschichten und Metaphern geschieht; dadurch, dass es dir Dinge zeigt, dich an Orte führt und dir auf seine Weise durch Anekdoten, Bilder, Gefühle, Erinnerungen und innere Erfahrungen diesen Grund eröffnet.

Stelle folgende Fragen: »Hast du eine Botschaft für mich?«, »Willst du mir etwas zeigen oder sagen?«. Dann öffne alle deine Sinne und warte auf die Antwort. »Lausche« mit deinem inneren Gehör. Erlaube dir, sehr empfänglich zu sein. Antworte ehrlich auf das, was dir gesagt oder gezeigt wird. Wenn du Gefühle, Fragen oder das Bedürfnis nach mehr Klarheit hast, lasse das Bild dies wissen. Frage nach. Das hält dich in der Verbindung. Dieser Schritt der fünf Hauptzutaten kann nur einen Moment andauern, oder es kann sich ein ganzes Szenario entfalten. Bleibe aufmerksam und lasse die Nachricht auf ihrem eigenen Weg zu dir gelangen.

3. Frage das Bild, ob es irgendetwas braucht.

Ein alter Brauch gemahnt uns daran, einem Gast Verpflegung und Unterkunft zu gewähren. Dieser Brauch ist gelebte Gastfreundschaft. So fühlt der Gast sich willkommen und wahrgenommen. Dies ist der Punkt, an dem Fragen beginnen, in die Reise einzufließen.

Stelle die Frage: »Brauchst du irgendetwas?« Und dann lausche. Sei empfänglich und aufnahmebereit. Öffne deine inneren Sinne und »höre« die Antwort.

Frage dich, ob du bereit bist, dem Bild das zu geben, um das es gebeten hat. Sei ehrlich. Wenn du fähig und bereit dazu bist, dann gib dem Bild, was es braucht. Wenn du dazu nicht in der Lage oder bereit bist, dann sage es dem Bild. Sage ihm auch, warum. Stehe zu dir; auch das Bild ist ein Teil von dir. Unehrlichkeit bringt in der inneren Welt gar nichts. Sei so ehrlich, wie du nur sein kannst. Die Ehrlichkeit gegenüber dir selbst wird mit der Zeit einfacher, wenn du daran arbeitest. Du wirst feststellen, dass allein das schon helfen kann, verständnisvoller zu werden.

Du hast Ressourcen in deiner inneren Welt, die dir in der physischen Welt nicht zur Verfügung stehen, also sei kreativ. Wenn dich das Bild um Essen bittet, sei dir darüber im klaren, dass du die Vorstellungskraft besitzt, mit der du genau das Essen herbeizaubern kannst, um das es dich gebeten hat. Zögere nicht, eine Bitte aus der inneren Welt zu erfüllen, wenn es sich für dich richtig anfühlt.

4. Frage, ob noch irgendetwas geschehen muss.

Dieses Nachfragen erweitert die innere Antwort. Sie erlaubt der inneren Welt, dir das zu zeigen, wovon sie glaubt, dass du es sehen musst. Vielleicht bringt dich ein Aspekt dieser Lehren näher in die Ganzheit. Tatsachen, denen du dir noch nicht bewusst bist, können ans Licht kommen. Teil der Schönheit der »Innenschau« ist genau dieses Angebot der inneren Welt; die Information, von der du nicht einmal weißt, dass du sie benötigst!

Häufig ist das, was sich dir zeigt, genau das, was du wissen musst, selbst wenn du nicht weißt, dass es das ist, wonach du gefragt hast.

Ein befreundeter Physiker, der Imagination bei seiner Arbeit nutzt, sagte mir, dass er die Arbeit mit den Bildern als sehr effizient empfindet. Etwas, für das man mit dem Verstand lange braucht, kommt aus dem Unterbewusstsein leicht, wenn man die Imagination nutzt.

Frage also das erschienene Bild, ob noch etwas geschehen muss. Diese Frage »spielt den Ball« zurück in die Innenwelt, welche mit einer Antwort reagiert.

Wenn die Antwort oder Wahrnehmung besagt, dass nichts mehr geschehen muss, akzeptiere diese Antwort als Einladung zum Abschließen der Reise. Die wird dann mit der fünften Zutat vervollständigt.

5. Danke dem Bild. Verabschiede dich auf die Weise, die dir angemessen erscheint.

Eine Abschiedsgeste ist sehr wichtig. Du verlässt die Innenwelt und bist bereit, wieder in die äußere Welt zurückzukehren. Jetzt kannst du deine innere Welt zum Abschied um Worte, eine Geste oder ein Bild bitten, das du in deine Außenwelt mitnehmen kannst. Diese Worte, Gesten oder Bilder dienen dir in deinem Alltag als Mahnung und Erinnerung. Sie helfen dir, die Botschaften und die Energie deiner inneren Bilder zu bewahren und sie dir immer wieder ins Bewusstsein zu rufen. Im übertragenen Sinn ist dieses Abschiedsgeschenk so etwas wie ein Foto oder ein Souvenir, das man von einem Ausflug mitbringt und das einen daran erinnert, wo man gewesen ist. Dieses »Erinnerungsstück« hilft dir, die Energie und die Erkenntnisse aus deinen Bildern wieder wachzurufen.

Verabschiede dich von den Bildern, die zu dir gekommen sind, und danke ihnen. Manchmal möchte sich das Bild (oder die Bilder) auf eine bestimmte Art von dir verabschieden. Manchmal möchtest du dich auf eine bestimmte Art von ihm verabschieden. Es gibt ja zahllose Möglichkeiten je nach der Art des Bildes oder der Beziehung, die sich zwischen euch entwickelt hat: Händeschütteln oder ein Kuss, eine förmliche Verbeugung oder eine Umarmung, einfach »Tschüs« oder Winken. Gib der natürlichen Verabschiedung Raum.

Häufig werden dir mehr Bilder als nur eines auf deiner Innenreise erscheinen. Danke allen, so beziehst du alle in den Abschluss mit ein.

Wenn das Bereisen deiner inneren Welt häufiger und angenehmer wird, werden sich die Eindrücke, die du sammelst, zu einer Geschichte oder »Reise« verweben. Die natürliche Bewegung deiner Innenwelt richtet sich auf die Ganzheit, auf deine Mitte aus und führt zu einer Wiederverbindung mit deinem heiligen Selbst. Wenn wir der Innenwelt erlauben, sich zu offenbaren, bringt sie im Lauf der sich entfaltenden Geschichte Erkenntnisse, Informationen und manchmal Vorschläge und Ratschläge zum Vorschein.

Dein Zulassen dieser Entfaltung bedarf des Vertrauens und des Loslassens. Du hast die Fähigkeit, dies zu tun. Du wurdest mit ihr geboren. Vertraue und folge dem Geschehen. Wenn Fragen auftauchen, bleibe mit den Bildern verbunden, indem du ihnen die Fragen stellst. Wenn Gefühle auftauchen, würdige sie, indem du sie gegenüber den

Bildern zum Ausdruck bringst. Ehre auch die Emotionen. Lachen und Weinen sind ein Teil von dir. Lasse deine Emotionen Teil der inneren Arbeit sein, bleibe verbunden mit dem Bild, anstatt vor ihm wegzulaufen. Wenn du dir bei einer Erfahrung unsicher bist, bitte um mehr Klarheit. Wenn du etwas, das geschieht, nicht verstehst, teile dem Bild dein Unverständnis mit. Wenn du merkst, dass du ein Bild anzweifelst, dann sei ehrlich und drücke deine Zweifel aus. Lasse das Bild oder die Bilder wissen, was du wirklich fühlst.

Bleibe beim Geschehen. Ebenso wie im Außen und im Leben, können neue Charaktere die Szenerie betreten. Das Thema kann sich ändern, nur um später wieder zum ursprünglichen zurückzukehren. Der Ton kann sich ändern. Bleibe dabei. Spüre hinein. Öffne dich dieser Geschichte, die dir gehört und die dein wahres Selbst mit dem Rest des Universums verbindet. Sei aufmerksam. Sei ehrlich.

Was hast du zu verlieren? Niemand sonst muss sehen oder wissen, was du tust. Du hast die völlige Freiheit, ehrlich mit den Bildern deiner Innenwelt zu sein. Eine kindliche Verspieltheit und Unschuld, verbunden mit Vertrauen und Hingabe wird deine innere Welt aufleben lassen und dich dem Wunder deines Seins näherbringen. Häufig wurden diese Qualitäten – Verspieltheit, Unschuld, Vertrauen und Hingabe – durch die Anforderungen des Erwachsenenlebens abgestumpft, aber sie sind da. Sie sind in dir und werden dir antworten. Gehe also behutsam mit dir um. Zeige Ausdauer. Manchmal dauert es lange, etwas Schlafendes aufzuwecken. Lasse die einfachen Regeln der Gastfreundschaft, des Respekts und der fünf Hauptzutaten deine Richtschnur sein. Sei aufmerksam. Bleibe ehrlich. Bleibe in Verbindung mit dem, was auftaucht, indem du Zwiesprache hältst. Beteilige dich an der Unterhaltung.

Wenn sich die Handlung verändert, vertraue auf die neue Richtung. Du kannst immer zu deiner ursprünglichen Suche zurückkehren, bevor du die Innenwelt verlässt. Die Richtung, die dich überrascht, kann dich genau dort hinführen, wo du am dringlichsten sein solltest. Es ist auch in Ordnung, etwas nicht tun zu wollen, was die Bilderwelt von dir verlangt. Sei einfach ehrlich.

Arbeite mit allem, was kommen mag. Irgendwann, vielleicht auch sehr schnell, entwickeln sich Reisen um die Bilder herum. Das Wort »Reise« beschreibt den Vorgang, von einem Ort an einen anderen zu reisen, und alles, was dies mit sich bringt. Deine Bilder werden sich selbst zu Unterhaltungen und Reisen verflechten. Durch dein Mittun wird deine Bilderwelt dein Leben beeinflussen und verändern durch ihre Weisheit und ihre Führung und indem sie eine Zuflucht bietet.

Kapitel 6

Neuordnen der Außenwelt

Gib dir selbst etwas Zeit und Raum für die Anpassung, wenn du deine Innenwelt verlässt und wieder die Welt der äußeren Wahrnehmung betrittst. In dieser kurzen Spanne des Übergangs solltest du mitfühlend mit dir umgehen, hetze dich nicht ab.

Wenn du deine Augen öffnest, scheint deine Umgebung vielleicht hell und dein Bewusstsein leicht verändert. Diese Reaktion ist normal. Der Übergang zwischen den Welten wird dir nicht mehr so besonders vorkommen, wenn deine Innenreisen häufiger werden und du dich an sie gewöhnst.

Die bewusste Wahrnehmung deines Atems und deiner Sinne ist eine taugliche und sanfte Art des Übergangs. Ebenso, wie du das Atmen und die Einstimmung auf deine inneren Sinne genutzt hast, um die Innenwelt zu betreten, kannst du sie auch dazu nutzen, um dieses Reich wieder zu verlassen, nur dass du dieses Mal den Schwerpunkt des Bewusstseins auf die Sinne und Empfindungen der Außenwelt legst, zu der du zurückkehrst.

Beginne bereits mit geschlossenen Augen, deine sensorische Wahrnehmung auf die physische Welt zu verlagern. Werde dir der Geräusche im Außen bewusst. Spüre, wie deine Kleidung sich auf deiner Haut anfühlt. Erinnere dich an Erde, Himmel, Körper und Atem, und werde dir des Bodens bewusst, der dich trägt. Spüre die Erde unter dir. Spüre die Unterstützung des Stuhls oder des Bodens an der Stelle, wo er dich berührt. Atme. Werde dir bewusst, wie die Luft sich durch deinen Körper bewegt. Versuche nicht, deinen Atemrhythmus zu verändern, folge ihm einfach. Spüre, wie die Luft von außen in dich einströmt und von innen aus dir heraus… dieselben Richtungen, die du eben bereist hast! Dir Zeit zu nehmen, wenn du dich aus der Innenwelt zurückziehst, wird dir helfen, dich auf deinem Rückweg in die äußere Welt lebendig und geerdet zu fühlen.

Öffne deine Augen. Nimm wahr, wie frisch und neu die Welt nach deiner Rückkehr aus der Innenwelt aussieht.

Häufig tritt während der Innenreise im Körper ein gewisser Stillstand ein. Hole nun sanft Bewegung in ihn zurück, indem du dich streckst, so wie es dir gut tut.

Du hast den Übergang geschafft. Ebenso, wie du mit deinem Körper an einen anderen Ort reist und dich nach der Rückkehr anders und erfrischt fühlst, trägst du nun unterschwellig die Energien deiner inneren Orte, an die du gereist bist, die Erkenntnisse, die du gewonnen hast, und die Helfer, die du getroffen und mit denen du gesprochen hast, in dir. Jetzt kannst du diese neugewonnenen Energien mit in dein Leben nehmen.

Kapitel 7

Schreibe die Reise auf

Nimm dir die Zeit, deine Bilder, Geschichten und Eindrücke, die du während deiner Innenreise gewonnen hast, aufzuschreiben. Diese Aufzeichnung ist wichtig! Das habe ich bei meiner eigenen Arbeit mit den Bildern und durch das Begleiten anderer gelernt. Ohne das unverzügliche Aufschreiben verblassen die Einzelheiten deiner Reise. Sie werden weniger zugänglich für dich, sie verflüchtigen sich.

Wenn du deine Reise gleich aufschreibst, liegt sie noch direkt vor dir, frisch aus deinen inneren Tiefen geborgen und in deinen Händen. Jetzt kannst du damit arbeiten. Dein Verstand kann begreifen, wie sie in dein Leben passt. Du kannst sie mit einem Freund oder einem Berater teilen. Oder du kannst im Stillen für dich über sie nachdenken, wenn du die niedergeschriebenen Worte und die erhaltenen Botschaften betrachtest. Was einst tief in deinem Unterbewusstsein lag, hat nun eine Form angenommen und ist für dich gegenwärtig, sobald du es niedergeschrieben hast.

Die Geschichten, Erkenntnisse und Eindrücke, die aus deinen Tiefen aufgestiegen sind, sind wertvoll, unbezahlbar. Der Unterschied zwischen dem, was jemand anderes dir erzählt, was du wohl brauchst, und dem, was dein inneres Selbst dazu sagt, ist grundlegend. Die Botschaften deiner Bilder offenbaren den Rat deiner eigenen Tiefen. Sie zeugen häufig von Humor und sind mit Metaphern verknüpft. Sie sind absolut einzigartig. Zu Papier gebracht, kannst du sie gleich oder später nutzen.

Oft gewinnt eine Reise an Bedeutung, wenn etwas Zeit verstrichen ist. Die Erkenntnisse scheinen zu reifen, wenn sie mit deinem Leben verknüpft werden. Vielleicht blickst du zurück und entdeckst, auf welche Art die Erkenntnisse der Bilder dich beeinflusst und dir geholfen haben. Dir mögen äußere Ereignisse bewusst werden, auf die deine Bilder dich vorbereitet haben. Wie Wein werden die Erkenntnisse und Geschichten deiner Bilder feiner und wertvoller, wenn sie älter werden, sie würzen und begleiten dein Leben, während ihre Bedeutung und Relevanz immer sichtbarer wird.

Kapitel 8

Das Integrieren der Reise

Die Inhalte, die aus deiner Innenwelt zu dir kommen, sind voller Bedeutung. Deine innere Welt wird stärker werden, wenn du ihr einen Platz in deinem Leben einräumst. Das Verweben deiner inneren Welt der Bilder mit den Dingen und Rhythmen deines äußeren Lebens nennt man Integration. Diese beiden Welten kommen zusammen, die eine beeinflusst die andere. Auf eine Weise ist Dankbarkeit und Anerkennung notwendig, damit Integration stattfinden kann. Gewöhnlich ist es am besten, sich durch eine Tat erkenntlich zu zeigen. Das kann ein einfaches Nachsinnen über die Bilder sein, oder du wagst einen mutigen Schritt und änderst dein Leben. Das Wie dieser Integration ist sehr individuell.

Wenn deine Aufzeichnung von der Reise tief in einer Schublade oder irgendwo in einem Notizbuch vergraben liegt und keine Aufmerksamkeit von dir bekommt, bleibt sie leblos und wird nicht integriert. Wie kannst du deiner Reise einen würdigen Platz in deiner physischen Welt verschaffen? Ich werde ein paar Beispiele nennen, aber vielleicht fällt dir auch selbst etwas ein, das deiner Einzigartigkeit und deinem eigenen Lebensstil entspricht.

Ich habe einige wertvolle Dinge über Integration durch meine Yogapraxis gelernt.

Die Schlusshaltung im Hatha-Yoga wird »Shavasan« oder »Leichenstellung« genannt. Dies ist eine ruhende Stellung, bei der du bequem auf dem Rücken liegst. Dann lässt du los. Du lässt jegliche Anspannung in deinem Körper los. Du lässt Gedanken los, die dich verfolgen. Du lässt jegliches Gefühl von Bewusstsein los. Du lässt so viele Dinge los, wie du nur kannst. Die gesamte Yoga-Lehre fließt in dieser abschließenden Stellung zusammen. Integration geschieht durch Hingabe, durch Loslassen und dadurch, dass man ihr erlaubt, stattzufinden. Du tust nichts, damit es geschieht, aber du stellst dich darauf ein, indem du dir am Ende jeder Reise für diese Stellung Zeit nimmst, indem du deinen Körper ansprichst und indem du in dem Wunsch, frei zu sein, gegenwärtig bist. Diese Art der organischen Integration ist nicht auf Yoga beschränkt. Das Muster der bewussten Handlung gefolgt von Loslassen ist ein natürlicher Weg, um Dinge, die in deinem Leben geschehen, zu integrieren. Auch ist es ein wundervoller und effektiver Weg, um deine Innenreisen zu einem Teil von dir werden zu lassen.

Bereite dich durch Hingabe auf die Integration vor. Führe erst die Handlungen aus. Stelle Erinnerungen an deine inneren Bilder und Reisen in der Außenwelt auf. Missachte die Informationen, die dir gegeben wurden, nicht. Beachte sie. Wenn du bereit bist, tue, was dir vorgeschlagen wurde. Durch Hingabe bewegt sich das Innen ins Außen. Die Integration wird geschehen. Du musst sie nicht erzwingen.

Manchmal wird es sich so anfühlen, als würdest du die Bilder, die zu dir kommen, einfach nicht begreifen. Dieses Gefühl ist in Ordnung. Bleibe einfach mit Hilfe der folgenden Vorgehensweisen eng bei deinen Bildern. Lasse die Bilder an und durch dich arbeiten. Du musst sie nicht begreifen, damit sie dir helfen können. Bleibe einfach bewusst und tue, was sie dir raten. Die Bedeutung wird dir vielleicht mit der Zeit klarer. Sie kommt aus dem tiefliegenden, weisen Teil von dir und wird auf unterschwellige Art mit dir arbeiten, während du dein Leben weiterlebst. Erinnere dich einfach oft daran und würdige sie durch Dankbarkeit und im Tun. Lerne sie kennen.

Hier sind ein paar Vorschläge, wie du die Integration deiner Bilder unterstützen kannst:

Zeichne, male oder modelliere ein Bild oder eine Idee von deiner Reise. Gib dem Werk einen sichtbaren Platz in deinem Zuhause oder an deinem Arbeitsplatz, an einem Ort, den du gut ausgesucht hast. Die Zeichnung, das Gemälde oder das modellierte Objekt wird die Energien deiner Innenreise verkörpern. Diese Energien werden dann einen Platz in deiner Außenwelt haben, wo sie sich sanft mit ihr verbinden können. Jedes Mal, wenn du die Zeichnung oder das Objekt siehst, wird ein Stück Integration stattfinden.

Kaufe dir ein Geschenk, das etwas von deiner Reise symbolisiert, zum Beispiel ein Kleidungs- oder ein Schmuckstück, das für das steht, was dir auf deiner Reise gezeigt wurde; es wird dich an deine Bilder erinnern. Du trägst es wortwörtlich an dir. Es wird dich sanft mit deiner inneren Tiefe verbinden und wird von dir und anderen als Teil von dir betrachtet werden.

Tippe deine aufgeschriebene Reise ab. Das gedruckte Wort verkörpert etwas, das Wissen und Lernen andeutet. Deine Arbeit in dieser Form zu sehen, stärkt deine Bilder. Außerdem durchlebst du durch das erneute Abschreiben deine Reise noch einmal. Fast immer tauchen dabei neue Einsichten auf. Wenn du deine Reise abtippst und speicherst, ist sie organisiert und als Quelle verfügbar.

Tagebuchschreiben kann dir helfen, dir bestimmte Teile deiner Reise bewusstzumachen, die dein Geist erst nicht erkannt hat oder die er nicht festhalten konnte. Während du frei deine Gedanken zu den Bildern niederschreibst, werden dir Beziehungen zwischen deinem Leben und den Botschaften aus deinem Inneren bewusst. Tagebuchschreiben ist für viele Menschen ein kraftvolles Werkzeug. Gefühle und Wahrnehmungen, die während der Reise nicht ganz ans Licht gekommen sind, können häufig dadurch entdeckt werden, dass du deinen Stift über das Papier gleiten lässt. Tagebuchschreiben wird hier als Zugang zu einem vertieften Ausdruck und Verständnis genutzt.

Achte alle Verbindlichkeiten, die du bei deiner Innenwelt eingegangen bist. Diese Geste ist respektvoll und wird eine gute Beziehung zu deinen Bildern bewahren. Erinnere dich an die Metapher des geladenen Gastes. Angenommen, der Gast hat um etwas gebeten, und du hast »Ja« gesagt. Und angenommen, du hast es dann vergessen. Und dann angenommen, diese Nichtachtung geschah (wenn auch unbeabsichtigt) mehrere Male. Die Beziehung würde vermutlich langsam an Kraft verlieren. Du solltest deine innere Welt stark und wertgeschätzt halten, so dass du jederzeit mit ihr interagieren kannst. Zeige ihr Respekt. Achte Zusagen, indem du sie einhältst. Oft wirst du mehr lernen, wenn du den Vorschlägen folgst und tust, was dir von deinen Bildern beschrieben wurde.

Lies deine Reise oder lasse sie dir erneut durch den Kopf gehen. Nimm wahr, welche Bilder für dich herausstechen. Denke über diese

Bilder nach, besuche sie erneut und behalte sie in deinem Bewusstsein. Die Zeit kurz vor dem Einschlafen und kurz nach dem Aufwachen ist die beste für Integration. Wenn du Schlafprobleme hast, kehre in deine Bilderwelt zurück. Manchmal, wenn ich nicht schlafen kann, frage ich mich, ob der Schlaf mich nicht vielleicht absichtlich flieht, weil ich diese bewusste Zeit mit meiner Innenwelt brauche. Dann mache ich eine Reise. Probiere es aus!

Entwirf eine Affirmation, die Merkmale deiner Reise enthält. Lasse dich von der Affirmation an deine Reise und ihre Energie erinnern. Eine Affirmation ist ein Leitsatz für die Gestaltung der Zukunft, doch man nutzt die Gegenwartsform für Dinge, die noch jenseits der derzeitigen Realität liegen. Affirmationen können dir helfen, deine Denkweise zu ändern. Wenn sich deine Reise beispielsweise um das Bedürfnis nach größerer körperlicher Kraft gedreht hat, könnte deine Affirmation sein: »Mein Körper ist stark und kraftvoll.« Wähle Worte aus deiner Reise, mit denen du einen positiven Leitsatz bildest, den du täglich viele Male wiederholen kannst. Vielleicht kann ein bestimmtes Bild aus deiner Reise die Worte deiner Affirmation begleiten. Du kannst deine Affirmationen auf Karten schreiben, um dich daran zu erinnern. Lege die Karten an Orte, an denen sie deine Aufmerksamkeit erregen (Regale, Spiegel, Geldbeutel…). Sage sie oft, ganz gleich, ob im Stillen oder laut. Sie sind ein kraftvolles Werkzeug der Integration, und jede Handlung, die eine Affirmation enthält, unterstützt die Integration der Botschaft der Bilder.

Nutze ein Bild aus deiner Innenwelt als ein Mantra. Ein Mantra ist ein heiliger Ton oder eine Wortfolge, welche immer und immer wieder wiederholt wird. Wiederholung erlaubt dem Mantra, dich auf vielen Ebenen zu beeinflussen. Es kann gesungen oder leise und laut gesprochen werden. Wähle ein Bild oder eine Gruppe von Worten aus deiner Innenwelt, die besonders stark herausstechen oder die große Bedeutung für dich haben.

Rufe dir im Laufe des Tages immer wieder das Bild oder seine Worte ins Gedächtnis und bewahre sie in deinem Bewusstsein. Wenn es Worte sind, kannst du sie wiederholen. Wenn es ein Bild ist, kannst du es in deinem Geist skizzieren und immer wieder darauf zurückkommen. Dies kannst du tun, wenn du beim Autofahren anhalten musst, wenn du einschläfst oder aufwachst oder wenn du alleine bist.

Vielleicht erscheint dir eine bestimmte Körperhaltung in deiner Bilderwelt. Diese Haltung mit deinem physischen Körper einzunehmen, kann ein wunderbarer Weg sein, die Reise zu integrieren. Geeignet und hilfreich ist es, während der Innenreise um eine Körperhaltung oder Geste zu bitten, die dich an deine Bilder erinnern kann und dir hilft, sie in deinem Körper zu verankern. Ein Beispiel: Einmal arbeitete ich mit einer Frau, deren Innenreise sich darum drehte, sich der Geschenke des Lebens bewusst zu sein und nicht immer nur das zu sehen, was ihr fehlte. Während ihrer Reise wurde ihr eine Handhaltung gezeigt, in der sie ihre geöffneten Handflächen auf Herzhöhe leicht gewölbt nebeneinander ausstreckt. Sie nutzte diese Geste, um ihr bei der Integration der Reise zu helfen, und verbrachte täglich eine ruhige Minute mit dieser Handhaltung, bevor sie ihr Dankbarkeits-Tagebuch schrieb. (Das Tagebuch war ihre Idee, um mit den Erkenntnissen zu arbeiten, die sie von ihren Bildern bekommen hatte.)

Sei kreativ. Es gibt viele Wege, um die Innenreise zu würdigen und zu integrieren. Ich habe hier nur ein paar Anregungen gegeben. Alles, was du von dem, was dich an deine Innenreise erinnert, in die äußere Welt mitnimmst, wird dir helfen, den Weg freizulegen, der zwischen deinem inneren und deinem äußeren Selbst liegt. Durch Integration wird das Wissen um die Freiheit und Schönheit deiner Tiefe ein Teil deines alltäglichen Lebens werden und dieses Wissen dein stetiger Begleiter.

Kapitel 9

Fehlerbehebung

Arbeiten mit auftretenden Herausforderungen während der Reise

Du kannst die Innenreise nicht »falsch« machen. Du magst auf Stolpersteine stoßen, wie bei jeder neuen Unternehmung, aber meistens sind sie nur da, damit du lernst zu vertrauen und die einzigartige Sprache deiner inneren Welt zu verstehen. Tiefenimagination kommt von einem Ort im Innern, an dem du unschuldig und rein bist. Sie kommt von einem Ort der Wertschätzung. Dein Herzenswissen will einfach nur für dich sorgen und dich zu deiner vollen Größe führen. Wenn du mit den Bildern arbeitest, wirst du sehen, dass die Reisen, die zu dir kommen, wichtig sind. Die innere Welt bietet immer genau das, was du benötigst. Wenn deine Reise furchterregende Bilder beinhaltet, erscheinen diese, um dir etwas beizubringen und dir zum Wachstum zu verhelfen, nicht um dich zu verletzen. Das Potential zu lernen, dich vorwärtszubringen und Verständnis zu entwickeln, ist in deiner Innenwelt grenzenlos. Tue kleine Schritte voran und bleibe dir aller Gefühle des Widerstrebens, der Angst, des Misstrauens und der Ablehnung oder des Verlustes deiner Aufmerksamkeit bewusst. Diese Hürden sind übliche Herausforderungen in der Tiefenimagination, und du kannst sie überwinden.

Innerer Widerstand

Eines der größten Hindernisse, das uns begegnen kann, wenn wir die Innenreise antreten, ist das Gefühl eines inneren Widerstands, wenn wir uns dem Unbekannten gegenübersehen. Als Menschen neigen wir dazu, im Rahmen des Bekannten und Bequemen zu bleiben, selbst wenn dieser nicht mehr unserem Wachstum und unserem Besten dient. Es erfordert Mut, den Widerwillen, Neuland zu betreten, zu überwinden, sei es physisch, emotional oder spirituell. Neuland liegt nicht innerhalb unserer Komfortzone, und als Menschen schrecken wir davor zurück, weil uns die Fähigkeiten und die Erfahrung für diese neue Situation fehlen. Habe Geduld. Die Fähigkeit der Imagination entwickelt sich, sobald du ein regelmäßig Reisender wirst, und das Widerstreben, sich darauf einzulassen, schwindet. Die innere Welt wird kein fremdes Land mehr für dich sein, wenn du häufiger dort warst.

Deine Bereitschaft, die Innenwelt zu besuchen, wird wachsen, sobald du siehst, dass deine Bilder dir nur das zeigen, womit du umgehen und was du für Wachstum und Heilung nutzen kannst. Das Neuland, das dir deine Bilderwelt zeigt, mag unbekannt sein, aber es ist voller Heilungs- und Wachstumspotential. Vertrautheit stellt sich mit der Zeit und der Erfahrung ein. Du kannst nicht wissen oder vorhersagen, was sich dir in deiner inneren Tiefe zeigen wird. Bei vielen Menschen löst das gewisse Ängste aus, deshalb ist das Wissen, dass die Bilder sich zeigen, um dir bei deinem Wachstum zu helfen, ein beruhigender Ankerpunkt.

Die Bilder deiner Innenwelt werden deiner Persönlichkeit entsprechen. Was sich zeigt, wird nicht zu viel für dich sein. Die Bilder, die zu dir kommen, werden dir und deiner Auffassungsgabe entsprechen. Der Entschluss, zu einer Innenreise aufzubrechen, verlangt Mut, Loslassen und einen offenen Geist. Von dem Vertrauen, um das es geht, erzählt Joseph Campbell. Da gibt ein Indianer einem Jungen den Rat: »Wenn du den Weg des Lebens gehst, wirst du einen großen Abgrund sehen. Spring. Er ist nicht so breit, wie du denkst.«

Wenn Angst aufkommt

Um diesen Abschnitt über Angst anschaulich zu machen, werde ich dich an einer Tiefenimagination von mir teilhaben lassen. Die folgende Innenreise fand während meiner Schwangerschaft statt. Das Vorhandensein von Angst und die Umwandlung von Angst in Verständnis (durch Ehrlichkeit, Akzeptanz und Geduld) werden bei dieser Reise besonders gut sichtbar:

Ich befinde mich auf einem kleinen Boot inmitten des Ozeans. Das blaugrüne Wasser ist um mich herum. Ich fühle mich sehr sicher auf dem Boot und kann spüren, dass dieses Bild das Tragen meines ungeborenen Kindes widerspiegelt. Genau wie das Boot mich auf dem Ozean trägt, trage ich mein Kind im Fruchtwasser meines Leibes. Diese Botschaft kommt vom Boot, das mir sagt, dass es mich trägt, wie der Mutterleib ein Kind trägt. Plötzlich verändert sich die Energie des Bildes, und ich fühle eine starke Bewegung unter dem Boot, das sich aus dem Wasser hebt.

Ich kann die Form eines Wales erkennen, der unter dem Boot auftaucht. Das Holz des Bootes beginnt nachzugeben. Ich spüre schreckliche Panik, und Angst um mein ungeborenes Kind kommt auf. Mein Denken übernimmt, und ich denke, dass dieses Bild prophetisch sein könnte und vielleicht etwas Schreckliches geschehen wird, was mir mein Kind aus dem Leib reißt. Da entscheide ich mich, zu vertrauen und bei dem Bild zu bleiben. Ich teile dem Bild meine Ängste mit. Ich sage dem Ozean, dem Boot und dem Wal, dass ich Angst um mein Kind habe. Ich frage sie, was sie mir mitzuteilen versuchen. Ich kann beinahe den Ort in meinem Körper spüren, an dem die Angst sitzt, und atme in die Stille, während ich auf eine Antwort warte.

Das Boot zerbricht, und ich bin im Meer. Der Wal ist groß wie ein Schiff. Er ist unter mir. Ich spüre, wie er sich hebt, um mich zu halten. Langsam bugsiert er seine riesige Masse unter mich, und wir bewegen uns wie eins zur Meeresoberfläche. Ich spüre, wie sich Atem in meinen Lungen sammelt, als ich endlich an die Luft gelange. Etwas rührt mich zutiefst, und ich beginne zu weinen. Ich weiß nicht, warum ich weinen muss, aber ich lasse es geschehen.

Der Wal bleibt unter mir. Er spricht mir von den großen Bewegungen des Lebens und davon, dass sie stärker sind als die Formen, die wir bauen, um unsere Leben in sie hineinzupressen. Er erzählt mir, dass die großen Bewegungen des Lebens getragen werden und dass ich lernen muss, ihnen Raum zu lassen; dass ich lernen muss, nicht gegen sie anzukämpfen, sondern sie zu umarmen, ihnen zu folgen, mich von ihnen treiben zu lassen, wohin sie mich auch tragen; dass ich lernen muss, dem Leben zu vertrauen. Der Wal bringt mich an Land. Er bittet mich, am Strand zu bleiben, am Übergang, an der Linie, die Land und Meer trennt und vereint. Ich verspüre großen Frieden und Erleichterung; wie ein Springquell steigt das Mysterium der

Schöpfung in mir auf. Meine Hände greifen an meinen Bauch, in dem mein Baby heranwächst, und ich weine erneut; dieses Mal aber weiß ich, weshalb. Die Tränen kommen, weil ich ein Teil von etwas bin, das so viel größer ist als ich, und mein Körper vergießt Tränen, um dieser Erkenntnis aufzunehmen und auszudrücken.

Ich teile diese Geschichte, damit du sehen kannst, wie Angst in einer Reise auftreten kann. Ich hätte das Bild verscheuchen können, als die Angst aufkam, dann wäre ich mit der Angst zurückgeblieben. Das Bild selbst hat die Angst genommen und transformiert. Zurück blieb nur Dankbarkeit.

Die Angst gegenüber dem Unbekannten ist eine natürliche Angst. Durch diese Geschichte wollte ich verdeutlichen, wie du lernen kannst, mit der Angst in den Gewässern deiner Innenwelt umzugehen, um die Erkenntnisse und Schätze ausfindig zu machen, die dir bei dieser Transformation angeboten werden. Meine Absicht beim Schreiben dieses Buches ist, eine Anleitung zum Bauen eines Gefäßes (das »Rezept«) anzubieten, das alles aufnehmen kann, was die Bilderwelt dir bietet, selbst wenn es Angst ist.

Viele schrecken davor zurück, mit der Angst zu arbeiten. Für manche Menschen ist der Glaube an die Kraft innerer Bilder so stark, dass sie aus Angst, ein Bild zu schaffen, das ungesund oder gefährlich sein könnte, gar nicht erst nach innen schauen wollen. Die Wahrheit ist, dass unser Geist ständig Bilder erzeugt und ständig rattert, aber das ist nicht jener geschützte Raum im Inneren, in welchem Innenreisen stattfinden (ein Ort, an dem Raum und Zeit nicht existieren und der durch Gebet und den Wunsch, Zugang zum inneren Wissen zu erlangen, geschützt ist). Die Bilder, die aus dem Inneren auftauchen, um uns zu begegnen, stammen von dem Ort unserer unschuldigen Ganzheit. Sie können sich einmischen und sich äußern und sie können auf der Suche nach uns selbst unser Lehrer werden. Wenn du Angst vor einem Bild hast, das zu dir kommt, oder wenn du Angst davor hast, dass du dieses Bild bloß mit deinem Geist geschaffen hast, sag ihm das! Sei ehrlich. Erlaube dir nachzuspüren, was deine Angst oder dein

Unwohlsein hervorruft. Kommen Angst und Unwohlsein von dem Gefühl der Machtlosigkeit, von dem Gefühl, nicht genügend vorbereitet zu sein, überwältigt zu sein oder bedroht zu werden? Sag dem Bild, wie du dich wirklich fühlst. Warte ab, was es dazu zu sagen hat! Wenn du der Angst direkt in die Augen schaust, vergiss nicht, zu atmen. Du kannst bewusst in die furchterregenden Bilder hineinatmen. Das wird dir dabei helfen, beim Geschehen zu bleiben und deine Angst zu durchdringen, um dorthin zu gelangen, wo du mit ihr arbeiten kannst, um sie umzuwandeln.

Viele Menschen sind von Bildern, die gruselig oder bedrohlich scheinen, verwirrt und verängstigt. Diese Reaktion ist ein schwer zu überwindendes Hindernis bei der Imagination. Es ist immer eine Option, »Stop!« zu sagen, daran vorbeizugehen, nicht hinzuschauen. Meine Erfahrung mit angsteinflößenden Bildern hat mir gezeigt, dass dieses Vorgehen nichts löst, ebenso wenig wie es die Energien, die hinter dem angsteinflößendem Bild stehen, auflöst. Die Angst wird eher in eine Warteschleife geschoben, wo sie darauf wartet, zu einem anderen Zeitpunkt auf eine andere Art mit dir zu arbeiten. Dein tiefes Selbst wird dir kein Bild anbieten, für das du nicht stark genug bist. Dein tiefes Selbst hat großes Interesse am Wachsen und Herausbilden deines Selbst. Es wird dich nicht in den Untergang führen.

Wenn du kannst, ist die beste Art, mit einem furchterregenden Bild zu arbeiten, sich mit ihm anzufreunden (wie in meiner Reise mit dem Boot auf dem Meer durch die Beziehung zu dem Wal dargestellt). Die Formel des »Rezepts«, die hier geboten wird, ist stark genug, um mit allem zurechtzukommen, was auftauchen könnte. Sie wird deine Bilder halten. In den meisten Fällen verändern sich unheimliche Bilder, sobald man ihnen eine Stimme gibt und ihnen wirklich zuhört. Sprich deine wahren Gefühle direkt in das Bild. Warte ab, was passiert.

Ich habe mich häufig mit meinen Ängsten auseinandergesetzt, indem ich ihnen durch Bilder begegnet bin. Ich habe anderen geholfen, dasselbe zu tun. Manchmal ist auch die Angst vor der Angst einfach zu groß, um diese Annäherung zu wagen. Wenn du dich an diesem Punkt befindest, hast du die Möglichkeit, in deinen inneren

Bildern »deine Truppen zu sammeln«. Du kannst immer ein Totemtier, einen inneren Freund oder ein Bild, das Sicherheit und Schutz bedeutet, herbeirufen, um dich durch deine Reise zu begleiten. Auf deiner Reise kannst du immer um Hilfe bitten. Allein, das zu wissen oder einen vertrauenswürdigen Freund in der Innenwelt zu haben, kann dir Mut machen, deine Reise tapfer fortzusetzen.

Es mag auch hilfreich für dich sein, dich zu distanzieren, wenn du Angst in deiner Bilderwelt verspürst. Nimm Abstand von dem furchterregenden Bild. Beschütze dich aus deinem Innern heraus. Unterhalte dich mit ihm von einem sicheren Ort aus. Warte ab, was geschieht. Die Distanzierung erlaubt dir, dich sicherer zu fühlen, während du in der Unterhaltung mit dem Bild bleiben kannst.

Als meine Tochter klein war, hatte sie Angst vor Monstern. Nachts rief sie: »Ist ein Monster da?« Meine übliche Antwort war immer »Nein.« Aber ich fragte mich, ob für sie nicht vielleicht doch ein Monster da war. Also begann ich sehr früh, mit ihr auf Innenreisen zu gehen. Eines Nachts ging ich zu ihr und bat sie, die Augen zu schließen und das Monster zu bitten, sich zu zeigen. Mutig tat sie das, und ich bat sie, »Hallo« zu ihm zu sagen. Ich hatte keine Ahnung, wie sich dieses Szenario entwickeln würde, und war etwas unsicher, ob ich fortfahren sollte, aber ich blieb bei dem »Rezept« und den »fünf Hauptzutaten«. Ich erinnere mich glasklar daran, was das Monster sagte, was es von ihr wollte. Popcorn! Es drückte diese Bitte mit großer Klarheit aus, nachdem sie es gefragt hatte, was es brauchte. In der Innenwelt gab sie ihm Popcorn, und schließlich teilten sie es miteinander. Ich will damit nicht sagen, dass sie nie wieder Angst vor Monstern gehabt hätte, aber die Energie dieser großen Angst schien nach der Nacht, in der sich eine Zweijährige und ein Monster Popcorn geteilt hatten, verschwunden zu sein.

Misstrauen

Viele Menschen finden es schwierig, den Bildern zu vertrauen, die zu ihnen kommen. Manchmal wird ein Bild nach dem anderen als fragwürdig angesehen und abgelehnt, als etwas, »das ich nur erfunden habe«. Meine Antwort auf dieses bekannte Hindernis ist herauszufinden, wer dieses »Du«, das es erfindet, ist. Als Erwachsene haben wir unverhältnismäßig viel Misstrauen entwickelt, wenn es um den Umgang mit der Vorstellungskraft geht. Wir haben uns angewöhnt, die Fantasie als etwas Zügelloses zu betrachten, das unsere Aufmerksamkeit oder Berücksichtigung nicht verdient. Als Kinder hatten wir diese Vorbehalte noch nicht, unsere Vorstellungskraft war unser ständiger Begleiter, während sich das Leben entfaltete. Wir haben mit Hilfe unserer Imagination erfahren, dass wir ein Teil der Welt sind. In Kindern ist die Fantasie aktiv und noch nicht verbannt.

Manche der Qualitäten der Kindheit können im Laufe des Lebens wiederkommen. Sie sind nicht verloren, aber sie schlafen vielleicht. Die Vorstellungskraft ist eine dieser Qualitäten. Oft ermutige ich den Menschen, der eine Innenreise antritt, sich den Luxus der Verspieltheit im Umgang mit den Bildern zu leisten, sogar so zu tun, als wäre er ein Kind, und sich zu erlauben, sich zu entwickeln und zu entfalten. Jesus ermutigte einst seine Anhänger, zu »...werden wie Kinder...«. Eine natürliche Makellosigkeit und tiefe Wahrheit sind uns an diesem Ort kindlicher Reinheit nahe. Die uns angeborene Unschuld ist in uns lebendig.

Mit der Zeit wird das Vertrauen in deine Bilderwelt wachsen. Bis dieses Vertrauen aufgebaut ist, tue einfach so, als würdest du Vertrauen in das haben, was dein Inneres dir offenbart. Sei geduldig. Irgendwann wirst du in der Lage sein, auf dein Leben zurückzublicken, und sehen können, wie sehr du von den Ratschlägen deiner Innenwelt profitiert hast. Von diesem Standpunkt aus wird es nicht nur einfacher, den Bildern, die während deiner Reisen auftauchen, zu vertrauen, sondern du wirst auch ein wachsendes Vertrauen in die Wirkung der Bilder auf deine Persönlichkeitsentwicklung und dein Zugehörigkeitsgefühl bemerken und also auch in deine Art zu leben.

Ablehnung

Ablehnung hat mit Vertrauen zu tun. Selbst nach behutsamer Vorbereitung und vorsichtigem Eintritt in die Tiefenimagination kann es vorkommen, dass die auftauchenden Bilder abgelehnt werden. Häufig wird ein Bild einfach als wertlos oder als ungeeignet, die Wahrheit zu vermitteln, abgetan. Als ich mit den Innenreisen begann, waren viele meiner Bilder und Lehrer zeichentrick-ähnliche Charaktere, selbst wenn mein Beweggrund todernst war. Natürlich waren diese Charaktere perfekt, um mir zu helfen, meine Reise heller und freundlicher zu gestalten und kindlicher und offener zu werden. Häufig verspürte ich jedoch die Neigung, das Zeichentrickbild abzulehnen, in der Hoffnung, dass etwas Stärkeres, Ernsthafteres und Gescheiteres auftauchen würde. »Eben nicht,« sagte mein inneres Selbst, als die Bilder begannen, sich zu entfalten. Dies geschah durch das schlichte Begrüßen (was auch immer es war), durch mein Danken für ihr Erscheinen und weil ich nach seiner Botschaft fragte und danach, ob es etwas brauchte und ob etwas geschehen sollte.

Bilder können auch abgelehnt werden, weil du sie in deinem Gedächtnis verortest. Vielleicht rufst du nach einem Bild für Erfolg, und was du siehst, ist ein Otter. Vielleicht hast du gerade erst einen wirklichen Otter in der Wildnis oder im Zoo gesehen. Vielleicht hast du eine Fernsehsendung oder einen Artikel in einem Magazin gesehen, der sich um Otter drehte. Dann bist du vielleicht versucht, das Bild abzulehnen, weil du meinst, dass es nur erschienen ist, weil es in deiner Erinnerung gerade zur Hand war. Denke an den unendlichen Vorrat an Bildern, die in deinem Inneren schlummern. Viele Bilder, die bei einem bestimmten Thema »funktionieren« können, sind vorstellbar. Wenn sich ein bestimmtes Bild bereits nahe der Oberfläche befindet oder erst kürzlich den Weg in deinen inneren Bildervorrat gefunden hat, ist es ziemlich wahrscheinlich, dass es nur auftaucht, wenn es wirklich »passt«. Das Unterbewusstsein wird so lange suchen, bis ein angemessenes Bild auftaucht. Ein Bild gerade erst in der äußeren Welt gesehen zu haben, ist noch lange kein Grund, es in der Innenwelt abzulehnen.

Die meisten Menschen, die bereit sind, durch Imagination in ihre innere Welt zu schauen, können die Geschenke, die dort bereitliegen, wahrnehmen. Das Leben bietet häufig Erfahrungen, Begegnungen und

Ereignisse, die wir als großes Geschenk betrachten können, als Anlass für Dankbarkeit und Danksagung. Doch dieselben Erfahrungen werden von verschiedenen Menschen unterschiedlich erlebt. Wo der eine Mensch eine Chance sieht, sieht der andere vielleicht nur Leid. Ein altes Sprichwort lautet: »Des einen Leid ist des anderen Freud.« Schaue mit freudsuchenden Augen in deine Innenwelt. Dann wirst du sie dort auch finden.

Ich glaube, es gibt eine Quintessenz, wenn es um die Ablehnung innerer Bilder geht: Lehne kein Bild ab, ohne mit ihm kommuniziert zu haben. Sage ihm, dass du es gerne ablehnen würdest. Sei ehrlich. Wenn du bleibst, wirst du lernen, deine Bilderwelt zu akzeptieren. Du wirst die starke und wirksame gute Medizin deiner Innenwelt verstehen lernen. Du wirst sehen, wo deine innere Wahrheit deine Entscheidungen, deine Beziehungen und dein Leben beeinflusst hat. Die positiven Auswirkungen der Imagination werden sichtbar für dich, denn sie sind unbestreitbar. Die Bilderwelt wird dich zu wundervollen Dingen führen, und das, was kommt, ist der beste Weg dorthin!

Was deine Bilder dir anbieten, ist allein für dich bestimmt. Deine Bilderwelt wird dir neue Orte der Freiheit, der begrabenen Freude und des Verstehens bieten sowie unbegrenzte Unterstützung in verschiedenen Bereichen deines Lebens. Betritt sie offen und wäge das Empfangene nach Wichtigkeit ab. Entscheide selbst, ob die Innenreise eine wertvolle Unternehmung ist. Bereichert sie dein Leben? Bietet sie dir neues Verständnis? Befreit sie dich?

Fokusverlust

Für manche Menschen ist es eine große Herausforderung, das Denken zu beruhigen. Falls du dazugehörst, bist du dir dessen vermutlich bewusst. Auch wenn es vielleicht merkwürdig klingt, so kann es eine hilfreiche Übung sein, deinem Denken in der Zeit, wenn du auf Innenreise gehst, eine Aufgabe zu stellen. Für manche Menschen ist Musik im Hintergrund hilfreich. So kann dein Denken sich an etwas festhalten, das zwar von der Bilderwelt gesondert, aber nicht von ihr abgegrenzt ist. Auch könntest du versuchen, deine Reise, während du sie machst, in einem Notizbuch festzuhalten. Dies erfordert zwar vielfaches Hinein- und Hinaustreten, aber es hält dich auch beim Geschehen und hilft manchen Menschen, auf ihre Bilderwelt konzentriert zu bleiben. Wenn du während deiner Reise nur schwer wach bleiben kannst, versuche deinen Rücken an einer Stuhllehne gerade zu halten, anstatt dich hinzulegen oder in einen weichen Sessel zu setzen.

Für manche Menschen funktioniert das Reisen mit geöffneten Augen. Experimentiere so lange, bis du eine Art gefunden hast, die für dich funktioniert.

Selbst diejenigen unter euch, die den Geist beruhigt haben, können, ohne es zu bemerken, von der Bilderwelt wegdriften. Ehe du dich versiehst, ist an die Stelle der Bilderwelt das Abendessen, eine To-Do-Liste oder allgemeines Abschweifen getreten. Fühle mit. Das ist normal. Kehre einfach zu den Bildern zurück. Versuche, die Konturen zu schärfen. Was meine ich damit?

Behalte die Form im Sinn. Halte dir eine Liste der Schritte vor, um eine feste Struktur zu schaffen, die die Bilder »hält«. Manche Menschen empfinden einfache Trommelschläge als hilfreich, um mit ihren Bildern verbunden zu bleiben. Diese Verbindung durch Rhythmus kann in beiden Welten auftauchen, in der inneren wie in der äußeren. Du kannst deinen Rhythmus trommeln, oder jemand anders kann es für dich tun. Du kannst das Bewusstsein auf deinen Herzschlag richten. Ich persönlich nutze keine Trommeln für die Innenreisen, aber ich bin mir häufig eines rhythmischen Klopfens unter der Oberfläche meines Bewusstseins gewahr, während ich die Bilderwelt betrete oder jemand anderen hineinführe.

Das Vertrauen in deine Bilderwelt wird wachsen, wenn du wahrnimmst, wie sich die Innen- und die Außenwelt durch das Gewebe deines Lebens weben, positives Wachstum, Wandel und Fülle fördern und unterstützen.

Deine Bilder werden die Wandlungen, die in dir stattfinden, während du in die Ganzheit und Wahrheit wächst, unterstützen. Du verstehst deine Bilderwelt vielleicht nicht gänzlich. Wisse aber, dass sie aus deinem Inneren kommt, und wenn du ihr mit Achtung und Respekt begegnest, wird sie dich unterstützen und führen, während sich das Leben entfaltet und vertieft. Sie bereichert dein Leben und erfüllt es mit der Wahrheit deines Seins.

Teil III

Beispiele von Begegnungen mit der Tiefenimagination

Menschen und Orte

Selbstfindung

Sich mit seinen Sorgen befassen

Reisen mit offenem Ausgang

Kapitel 10

Der Fokus deiner Imaginationserfahrung

Deine innere Welt sprudelt über von Orten, Lehrern und Bildern. All diese Aspekte der Bilderwelt warten auf dich und sind bereit, zu dir zu kommen, wenn du nur darum bittest. Sie sind da als Teil deiner Innenwelt, bereit, dir zu helfen, du selbst zu sein, und zu lernen, was nötig ist, um zu sein, wozu du bestimmt bist.

Wo beginnst du?

Wenn du deine Bilderwelt ausrichtest, kannst du leichter verschiedene Aspekte erforschen, die nach deiner Aufmerksamkeit verlangen. Du kannst eine Einladung aussprechen, die deinem derzeitigen Bedürfnis entspricht, und dich dem Gebiet nähern, das dich im Moment interessiert, einfach indem du es ansprichst. In den nachfolgenden Kapiteln werde ich Wege vorschlagen, wie du einer Einladung einen bestimmten Rahmen geben kannst, so dass das Bild selbst zwar neu und überraschend bleiben mag, aber doch auf die Einladung antwortet, die sich um das dreht, was du lernen und wissen möchtest.

Weil die Bilderwelt alle Aspekte deines Selbst beinhaltet, kannst du eine Gemeinsamkeit zwischen einer bestimmten Frage und dem, was für dein Wohlergehen und dein Wachstum geschehen muss, erkennen. Zum Beispiel rufst du ein Bild, das für eine bestimmte Beziehung steht, aber wenn ein dringliches inneres Bedürfnis in dir herrscht, dessen du dir nicht bewusst bist, beispielsweise mehr Zeit zum Spielen oder Reisen zu haben, wird dieses Bedürfnis wahrscheinlich trotzdem seinen Weg zu dir finden. Wenn du umgekehrt um das bittest, was sich zeigen möchte, und sich unterschwellig eine wichtige Frage im Hinblick auf eine Beziehung in deiner Seele befindet, wird diese Frage wahrscheinlich auf irgendeine Art in deiner Bilderwelt auftauchen, selbst wenn du sie nicht konkret stellst.

Wenn du um Bilder bittest und sie zu dir kommen, kannst du das »Rezept« anwenden, damit es dir bei der Unterhaltung behilflich ist, auch wenn die Bilder, die sich zeigen, keine Wesen sind. In anderen Worten: Du kannst mit einer Farbe oder einem Gefühl »sprechen«. Du kannst einem Stein »zuhören«. Du kannst dich mit Landschaften und Objekten genauso unterhalten wie mit Menschen, Tieren und Pflanzen. Ich empfehle, jedes Bild, das sich zeigt, wie einen Gast zu behandeln. Diese Gastfreundschaft ist der Grundstein für tiefere Gespräche.

Die Bilder, die zu dir kommen, sind nicht statisch. Sie werden sich verändern. Manche Bilder bleiben viele Jahre oder sogar ein Leben lang auf deinen Innenreisen präsent. Aber meistens verändern sich die Bilder genau so wie Menschen und Lebensumstände. Unterschiedliche Erkenntnisse sind in deinen verschiedenen Lebensphasen angebracht. Manchmal erscheint ein bekanntes Bild, aber leicht verändert. Manchmal werden alte Bilder von ganz neuen ersetzt. Bilder verändern sich, wenn sich die Energie ändert.

Du kannst mit den Bildern zusammen sein, die durch eine Unterhaltung erscheinen, aber es gibt sehr viele andere Möglichkeiten der Kommunikation. Manche Menschen können ihre Bilderwelt körperlich wahrnehmen. Berührung ist ein wichtiger Teil dessen, wie sie ihre Bilder erfahren. Die Nähe kann sich innerhalb einer Reise verändern. Vielleicht bemerkst du, dass du einem Bild sehr nahestehst, oder du bist sehr distanziert. Außerdem kannst du frei wählen, näherzukommen oder weiter wegzugehen. Diese Flexibilität ist eine gute Strategie, wenn du dir wegen eines Bildes unsicher bist.

Unter Umständen lädt dich ein Bild dazu ein, mit ihm zu verschmelzen. Versichere dich in deinem Inneren: Ist das okay für dich? Durch Verschmelzung wirst du eins mit dem erschienenen Bild. Du erlebst Sehen, Fühlen, Denken und Hören mit den Sinnen des Bildes. Dinge, die normalerweise nicht möglich wären, können geschehen, wie zum Beispiel durch die Luft fliegen oder unter Wasser atmen. Sehen und Hören ändern sich häufig durch eine Verschmelzung, sodass man auf wunderbare Weise das Bild von innen heraus spüren kann. Wenn eine Verschmelzung in deiner Reise stattfindet, stelle sicher, dass du dich von dem Bild trennst, bevor du in die äußere Welt zurückkehrst, sofern das Bild nicht etwas anderes vorschlägt. Diese Rückversicherung gewährleistet den Abschluss mit der Innenwelt und einen leichten Übergang, während du dich von der einen in die andere Welt bewegst.

Auf den folgenden Seiten werde ich Vorschläge zu unterschiedlichen Arten von Einladungen machen. Diese Vorschläge können nach deinem persönlichen Stil abgewandelt werden. Diese Liste ist keinesfalls vollständig. Die Möglichkeiten des Einladens sind endlos und können nach eigenem Wunsch und Bedarf ausformuliert werden. Die Ideen, die ich hier anbiete, beruhen auf meiner persönlichen Erfahrung mit meiner und der Bilderwelt jener, mit denen ich gearbeitet habe. Suche dir aus, was dich am meisten anspricht, oder probiere sie alle aus, um die stimmigste zu finden. Mögen deine Reisen dich in die Ganzheit führen, die du suchst.

Menschen und Orte

Kapitel 11

Ein besonderer Ort

Ich beginne aus einem bestimmten Grund zuerst mit dem, was ich den »besonderen Ort« nenne. Wenn du gerade deine ersten Erfahrungen mit der Bilderwelt machst, kann dir die Arbeit mit einem besonderen Ort sehr gut dabei helfen, deine inneren Sinne zu öffnen. Die verschiedenen Aspekte des Ortes verfeinern dein Bewusstsein gegenüber dem einzigartigen, persönlichen Stil deiner Bilder und den verschiedenen Arten, auf die sie zu dir kommen. Die Reise zum besonderen Ort selbst ist kraftvoll, sie hilft aber auch, dich auf spätere Reisen vorzubereiten, indem sie einen Schauplatz für weitere Bilder errichtet und deine inneren Sinne anregt.

Der Ort, an dem du dich befindest, ganz gleich, ob Landschaft oder äußere Umgebung, spielt eine wichtige Rolle für deine Fähigkeit, die Verbindung mit Frieden, Leben und dem Geist zu spüren. Seit ewigen Zeiten unternehmen Menschen Pilgerreisen zu Orten, an denen sie ihr Bewusstsein für ihre wahre Natur und ihre Verbindung mit dem Geist vertiefen können. Menschen verlassen ihre Umgebung, um sich in eine andere Umgebung zu begeben, um Urlaub zu machen, neue Dinge zu sehen und um sich über ihre ursprünglichen Grenzen hinaus auszudehnen. Eine Urlaubs- oder Pilgerreise an einen Ort im Inneren kann denselben Perspektivwechsel und dieselbe Erholung bieten.

Die Innenreise an deinen besonderen Ort bietet dir einen Anker in deiner Innenwelt, einen Ort, an den du gehen kannst, mit dem du dich vertraut machen kannst, einen Ort, den du in dir tragen kannst, der dir immer nah ist und dir immer zur Verfügung steht. Die Reise an deinen besonderen Ort bietet dir einen Raum in deiner Innenwelt, an dem du dich sicher, in deiner Mitte und verbunden fühlen kannst, ganz gleich, was in der Außenwelt geschieht.

Wenn du die Reise an deinen besonderen Ort antrittst, gibt es drei Qualitäten, die du sicherstellen solltest, wenn du den Ort bittest, sich dir zu zeigen. Der Ort soll sich sicher anfühlen. Er soll sich gut anfühlen, und es soll ein Ort sein, an dem du dich gerne aufhältst.

Wenn sich ein Ort nicht sicher anfühlt, werden instinktive Gefühle von Angst und Überlebenstrieb aktiviert. In Bezug auf innere Bewegung, Wachstum und Lernen kann wenig geschehen, solange du dich an einem Ort nicht sicher fühlst. Integriere die Qualität der Sicherheit in deinen Wunsch nach einem besonderen Ort.

Eine weitere wichtige Qualität ist, dass der besondere Ort einer ist, an dem du dich gut fühlst. Dieser Aspekt ist sehr individuell. Was sich für den einen Menschen gut anfühlt, fühlt sich für den anderen vielleicht gar nicht gut an. Ich habe einmal mit einer Beraterin gesprochen, die mit ihren Klienten den Nutzen geführter Innenreisen erforschte. Sie hat andere in der Vorstellung in einen Wald geführt. Für diese Beraterin war der Wald ein sicherer und wunderschöner Ort; ein Ort, an dem sie sich gut fühlte. Diese Beraterin arbeitete mit einer jungen Frau, die in ihrer Kindheit sexuell missbraucht worden war. Sie ließ die Klientin sich einen grünen Wald vorstellen. Bilder sind kraftvoll, und diese Klientin hatte den Missbrauch im Wald erlebt. Mit diesem Bild zu arbeiten, war für diese junge Frau weder hilfreich noch angebracht, da der Wald für sie weder sicher war, noch ein Ort, an dem sie sich gut fühlte.

Die Beraterin erzählte mir danach, dass sie seitdem nie wieder geführte Innenreisen in ihren Sitzungen gemacht habe. Diese wahre Geschichte macht deutlich, wie wichtig es ist, den Bildern zu ermöglichen, aus dem eigenen Inneren zu kommen, und der individuellen Psyche zu erlauben, das Bild dieses besonderen Ortes selbst zu schaffen, anstatt ihn von einer Quelle im Außen gestalten zu lassen.

Es folgen ein paar Punkte, an die du denken solltest, wenn du dich darauf vorbereitest, einen besonderen Ort in dir hervorzurufen. Der Ort, der sich dir zeigt, kann ein Ort sein, den du wiedererkennst, oder einer, der dir aus der äußeren Welt bekannt zu sein scheint. Das ist in Ordnung. Es kann aber auch ein neuer Ort sein, ein Ort, an dem du in der materiellen Wirklichkeit noch nie warst. Auch das ist gut. Erlaube dem Ort, sich zu zeigen. Plane ihn nicht.

Es kann passieren, dass du dich geradezu von Bildern bombardiert fühlst, die um deine Aufmerksamkeit ringen! Wenn sich eine solche Situation entwickelt, sei dir der Fülle gewahr, und lade ein einzelnes Bild ein, in Klarheit vorzutreten. Manche Menschen besuchen denselben inneren Ort immer und immer wieder, für andere ist der Ort immer ein anderer. Beides ist in Ordnung. Akzeptiere das, was zu dir kommt. Bleibe beim Geschehen. Es wird in seinem Fokus und Ausmaß deutlicher werden, wenn du ihm erlaubst, sich dir zu enthüllen.

Wenn die Bilder zu dir kommen, kannst du sie klarer werden lassen, indem du dir selbst Fragen bezüglich deiner Wahrnehmung stellst. Diese Annäherung ähnelt dem Scharfstellen bei einer Kamera. Es macht die Bilder klarer. Hier sind ein paar Fragen, die deine inneren Sinne schärfen und dich vollständiger an deinen besonderen Ort bringen können:

Welche Geräusche gibt es an diesem besonderen Ort?
Welche Farben nimmst du um dich herum wahr?
Welche Tages- oder Nachtzeit ist es?
Welche Temperatur hat die Luft, die deine Haut berührt?
Welche Gefühle ruft dieser Ort in dir hervor?
Wo befindest du dich genau?

Wenn dein besonderer Ort vor deinem inneren Auge präsent ist, benutze das »Rezept«, um tiefer in deine Innenwelt zu gelangen. Behandle den Ort wie einen Gast. Du hast ihn eingeladen. Danke ihm für sein Kommen. Frage ihn, ob er eine Botschaft für dich hat. Erspüre die Antwort. Gibt es etwas, das er braucht? Was soll geschehen?

Manchmal kann die Reise an einen besonderen Ort ein Sprungbrett für das Erscheinen weiterer Bilder sein. Von deinem besonderen Ort aus kannst du einen inneren Freund oder Heiler bitten, sich zu zeigen.

Manchmal kann ein anderes Wesen an deinem besonderen Ort sein, und du kannst den Dialog mit ihm eröffnen, indem du die Fragen stellst, die du bereits kennst (die fünf wesentlichen Zutaten des »Rezeptes«). Manchmal kann auch das Bild eines besonderen Ortes die Reise selbst sein; ein Ort, an dem du geheilt werden kannst. Eine wichtige Frage, die du dir bezüglich deines besonderen Ortes stellen solltest, ist: »Wie fühle ich mich hier?«

Häufig wird das Gefühl, das dir ein Ort vermittelt, zum Geschenk der Reise.

Situationen, in denen die Reise an einen besonderen Ort hilfreich sein kann, sind beispielsweise Zeiten der Sorgen, wenn du ruhig und unversehrt in deiner inneren Kraft bleiben möchtest, etwa bei medizinischen Eingriffen, Auftritten, Prüfungen oder wenn du merkst, dass du dich von deinem Ruhepol zu entfernen drohst. Ein weiterer praktischer Nutzen der Reise an deinen besonderen Ort ist zu Zeiten, wenn du Entscheidungen treffen musst. Wenn du dich an deinem besonderen Ort befindest, stehen dir alle deine Ressourcen zur Verfügung. An diesem inneren Ort steht die ganze Welt der Bilder bereit. Die Klarheit wird durch den Perspektivwechsel gestärkt, wenn die Bilderwelt sich mit deiner wahren Natur verbindet, sodass ein neues Licht auf deine Situation geworfen wird.

Die Reise an den besonderen Ort kann erholsam und heilsam wie ein Mini-Urlaub sein. Viele Menschen bringen sich gerne etwas aus dem Urlaub mit. Diese Suche nach einem Souvenir ist auch in der Innenwelt hilfreich. Vielleicht erhältst du eine Eigenschaft wie Frieden, oder du fühlst dich gehalten, oder es ist ein bestimmtes Objekt, das als Geschenk von deinem besonderen Ort kommt. Dies sind nur einige Beispiele, es gibt viele weitere Möglichkeiten. Es ist ziemlich sicher, dass dein besonderer Ort dir etwas anbietet, das dein Leben in der äußeren Welt erhellt. Finde heraus, was es ist. Nimm das Geschenk an.

Erlebnisberichte von Reisen an einen besonderen Ort

Die nachfolgende Reise an einen besonderen Ort ist die von Daniel. Er ist 59 und hat in der Finanzwelt Karriere gemacht. Er begann eine lange und lohnende Beziehung mit seiner Bilderwelt, als er ernsthafte gesundheitliche Probleme hatte. Seine erste »Reise« war die an einen besonderen inneren Ort, an dem er sich sicher und gut fühlte. Der Ort, der sich ihm zeigte, war ein Ort, der auch in der äußeren Welt existiert.

Hier sind seine Bilder:

Ich bin bei den Quellen. Ich spüre Quellwasser überall um mich herum. Ich bin mir der lebendigen Eichen, der Blumen und der Vögel bewusst. Alles ist sehr grün. Frieden und Ruhe durchströmen diesen Ort. Ich sehe Schildkröten, Schlangen und exotische Vögel. Die Luft ist warm und friedlich. Ich sitze auf dem Boden, neben der Quelle. Ich spüre das Gras und die Bäume. Ich sehe graues spanisches Moos an den Bäumen. Das Wasser ist klar und silbrig. Die Baumstämme sind von sattem Braun. Ruhe, Wärme und tiefer Friede sickern in meine Knochen. Ich habe das Gefühl, dass das Leben gut ist. Alles ist gut behütet. Auch das Land und die Tiere.

Daniel nutzte seine Reise an den besonderen Ort als Sprungbrett für weitere Imaginationen, die angesichts einer ernsthaften Erkrankung sein Wachstum und Wohlergehen förderten. Er macht weiterhin regelmäßig Innenreisen, um seinen Glauben an die Verbundenheit von Geist und Körper und seine wiederkehrende Gesundheit zu unterstützen.

Lorraine ist 71. Sie muss von einem Ort, den sie geliebt und lange Jahre ihr Zuhause genannt hat, wegziehen. Als sie ihre Augen schließt und den »besonderen Ort« einlädt, sich ihr zu zeigen, sieht sie sich in ihrem Garten. Dies zeigt ihr ihre Bilderwelt:

Es ist Sommer. Ich lehne mich in meiner Chaiselongue auf der moosbewachsenen Terrasse zurück. Vögel singen. Ich rieche die Erde und die Steine und spüre eine sanfte Brise. Meine Augen sind geschlossen, dann öffne ich sie, um zu sehen, welcher Vogel mich anzirpt! Ich schaue nach oben in eine andere Welt. Es ist ein grünes Himmelsdach aus Buchenblättern; eine Schicht über der anderen, so dick, dass nur winzige Punkte des herrlichen blauen Himmels zu sehen sind. Es ist die Welt der Vögel – ihre Wiese unter einem blauen Himmel.

Ihren Bildern folgend, erzählt mir Lorraine, dass sie überlegt, diesen Ort mitzunehmen, wenn sie ihren geplanten Schritt in ein neues Zuhause macht. Selbst wenn sie woanders lebt – dieses Bild wird für den Rest ihres Lebens in ihr weiterleben und sie mit dem Ort verbinden, den sie über alles liebt.

Don ist 49 und der Besitzer eines Handelsgeschäftes. Bei ihm wurde eine Herzrhythmusstörung diagnostiziert, und so musste er sich einer umfassenden medizinischen Behandlung unterziehen. Er spürt, dass Stress ein Grund für seinen Zustand sein könnte, und fragt sich, ob Innenreisen ihm helfen können. Seiner Reise an einen besonderen Ort gehen Nachforschungen über die Ursachen für seinen Stress voraus, was ihn gewahr werden lässt, dass er in Stresszeiten nicht richtig atmet. Hier ist seine Reise:

Ich bin in meinem Schlafzimmer und liege auf meinem Bett. Das Fenster ist geöffnet, und eine Sommerbrise erfüllt den Raum. Ich kann die Brise hören. Die Luft ist weich und rein. Mein Zimmer sieht genau so aus wie in Wirklichkeit. Ich bin entspannt. Mein Atem ist ruhig und regelmäßig. Mein Geist ist wach, aber ruhig. Ich spüre, wie das Bett das Gewicht meines Körpers trägt. Ich entspanne mich in diese Unterstützung hinein.

Don hat die Reise an einen besonderen Ort mit dem tiefen Bauchatmen kombiniert, um besser mit Stress zurechtzukommen. Er nutzte die Bilderwelt zusätzlich zu seiner medizinischen Behandlung. (Anmerkung: Bei der Bauch- oder Zwerchfellatmung weitet sich dein Unterbauch während des Einatmens, das Zwerchfell senkt sich, so dass Raum für vollständiges Einatmen gegeben ist. Beim Ausatmen zieht sich der Unterbauch in Richtung der Wirbelsäule, und das Zwerchfell kehrt an seinen Platz zurück, was die vollständige Ausatmung, das Leeren der Lunge, unterstützt.)

Die Reise an deinen besonderen Ort

- ✦ Schütze den Raum. Bete.
- ✦ Beruhige deinen Geist, entspanne deinen Körper. (Erde-Luft-Atem-Körper)
- ✦ Stelle dir einen Ort vor, an dem du dich sicher und wohl fühlst; einen Ort, an dem du gerne bist.
- ✦ Öffne deine inneren Sinne der Bilderwelt mit Fragen wie:
  - Was für Geräusche gibt es an diesem besonderen Ort?
  - Welche Farben nimmst du um dich herum wahr?
  - Welche Tages- oder Nachtzeit ist es?
  - Welche Temperatur hat die Luft?
  - Welche Gefühle ruft dieser Ort in dir hervor?
  - Wo genau befindest du dich an diesem Ort?
  - Wo genau wärest du gerne an diesem Ort Ort? (Gehe dorthin.)
- ✦ Bringe dem besonderen Ort Dankbarkeit entgegen. Danke ihm dafür, dass er sich dir gezeigt hat.
- ✦ Frage den Ort, ob er eine Botschaft für dich hat.
- ✦ Braucht dieser Ort irgendetwas von dir? Frage ihn.
- ✦ Wie fühlst du dich an diesem Ort? Sollst du zu diesem Gefühl noch etwas wissen?
- ✦ Muss hier noch etwas geschehen?
- ✦ Hat der Ort ein Geschenk für dich, das du in dein Leben mitnehmen kannst?
- ✦ Danke dem Ort für sein Erscheinen und verabschiede dich auf die Weise, die dir angemessen erscheint. (Wenn du noch weitere Arbeit dort verrichten willst, wie zum Beispiel Entscheidungen treffen oder andere Wesen einladen, dann fahre einfach fort und danke dem Ort für sein Kommen, wenn die Reise zu Ende ist.)
- ✦ Kehre in die Außenwelt zurück. (Atem-Körper-Erde-Luft)
- ✦ Schreibe deine Reise auf.
- ✦ Finde einen Weg, deine Reise zu integrieren.

Kapitel 12

Ein innerer Freund

Wenn du dich mit deiner Bilderwelt befasst und einen Freund einlädst, der aus deinem tiefsten Inneren kommt, bittest du um die Präsenz eines inneren Begleiters, der dir helfen, dich führen und dich begleiten kann. Dieses innere Wesen nenne ich den »inneren Freund«.

Vielleicht hattest du einen Fantasiefreund, als du ein Kind warst. Viele von uns hatten einen. Gewöhnlich hatte dieser innere Freund einen Namen und eine eigene Persönlichkeit und Erscheinung. Die Schönheit einer solchen Freundschaft muss nicht auf die Kindheit beschränkt bleiben. Im Laufe der Geschichte wurde vielen Männern und Frauen durch innere Begleiter geholfen. Der bedeutende schweizer Psychologe und Pionier auf dem Gebiet der Arbeit mit dem Inneren, Carl Gustav Jung, sprach von seinen Wanderungen durch den Garten, vertieft in eine Unterhaltung mit seinem inneren Freund, Philemon. Sie führten viele Unterredungen miteinander, und Jung schätzte diese Freundschaft sehr.

Die Arbeit mit einem inneren Freund ist eine vielseitig einsetzbare Herangehensweise an die Bilderwelt, und eine, die dich unterstützen kann, wenn du andere Arten der Innenreise unternimmst. Viele verschiedene Worte können gebraucht werden, um einen inneren Freund hervorzurufen, und die Worte, die du wählst, können helfen, die Art Freund zu bestimmen, die du suchst. Dieser innere Freund kann als innerer Ratgeber, innerer Helfer, innerer Botschafter oder innerer Verbündeter bezeichnet werden. Nutze einen Namen, der bei dir auf Widerhall stößt. Indem du einen inneren Freund hervorrufst, lädst du ein inneres Wesen ein, welches all die Eigenschaften eines Freundes besitzt, jemand, den du kennst und magst, jemand, der dich kennt und nur dein Bestes im Sinn hat. Ich würde auch das Adjektiv »weise« hinzufügen, wenn du deine Bitte aussprichst, denn wenn du einen weisen Freund einlädst, rufst du eine Begleitung, die dir in vielen Dingen Rat geben und dir beistehen kann.

Wie bei allen Bildern, kann dieser Freund alle Formen annehmen, er kann sogar formlos sein und sich durch andere Sinne als das Sehen darstellen, durch Sinne wie inneres Hören, inneres Spüren und inneres Fühlen. Vertraue auf das, was kommt.

Oft ist das Herbeirufen eines weisen inneren Freundes und das Führen einer Unterhaltung mit ihm der Beginn einer langen Freundschaft.

Denke über Freundschaft nach. Was braucht sie, um zu bestehen? Attribute, die einem einfallen mögen, sind Güte, Beständigkeit, Authentizität und Ehrlichkeit. Gemeinsam Zeit zu verbringen, festigt die Freundschaft und führt dazu, dass man sich besser kennenlernt. Diese Zeit des gegenseitigen Kennenlernens ist individuell sehr unterschiedlich. Verschiedene Freundschaften führen zu verschiedenen Arten des Beisammenseins. Manche Freundschaften sind von sofortiger Zuneigung geprägt, manche sind auf Spaß und Abenteuer aufgebaut und manche beruhen auf der Gesprächsebene von locker bis intim. Dies sind nur Beispiele. Die Art der Freundschaft, die sich für dich und deinen inneren Freund entwickelt, hängt davon ab, wer du bist, und davon, wer aus deiner Innenwelt zu dir kommt.

Zusammentreffen mit deinem inneren Freund

Damit die innere Freundschaft tragfähig ist, muss sich Vertrauen entwickeln. Du kannst das sich zeigende Bild fragen, ob es wirklich dein innerer Freund ist und ob es dein Bestes im Sinn hat.

Wende das »Rezept« an (und besonders die fünf wesentlichen Zutaten), um ein harmonisches Verhältnis zu schaffen. Traue dich ruhig, alle Fragen zu stellen, die diese Beziehung für dich wahrhaftig machen. Ich frage gerne: »Was muss geschehen, damit sich unsere Freundschaft vertieft?« Diese Frage erlaubt es der inneren Welt, vorzugeben, was benötigt wird.

Wenn du einen Freund oder Verbündeten in deiner Innenwelt und zu ihm eine Beziehung aufgebaut hast, musst du diese Beziehung nicht immer wieder neu aufbauen. Eure Freundschaft ist bereits gefestigt. Ihr kennt euch schon. Dein innerer Freund ist von jetzt auf gleich verfügbar. Du kennst dieses Wesen. Du kannst ein Leben lang ein Gefühl von diesem Freund in dir tragen, ohne tief in die Bilderwelt zu reisen. Damit du zu dieser Ebene des Gewahrseins kommst, musst du Zeit mit deinem inneren Freund verbringen und ihn kennenlernen. Regelmäßige Innenreisen und gemeinsam Zeit zu verbringen führt zu einer tiefen Freundschaft und gutem Rückhalt.

Die Kontaktaufnahme mit dem inneren Freund geschieht auf vielfältige Weise. Ihr könnt ein Innenwelt-»Date« haben, eine Zeit, die du dir freihältst, um dich mit deinem inneren Freund zu treffen. Vielleicht gibt dir ein bestimmtes Ereignis (oder auch mehrere) das Gefühl, mit einem Freund sprechen zu wollen. Ein bisschen ruhige Zeit alleine ist alles, was du brauchst, um dich auf deiner inneren Ebene auszutauschen. Die Übergangszeiten des Einschlafens und Aufwachens sind gute Gelegenheiten für Innenreisen. Ein weiteres schönes Ritual wäre, dich immer bei besonderen Gelegenheiten mit deinem inneren Freund zu treffen, zum Beispiel an Geburtstagen, zu Jubiläen und an Tagen, die auf andere Weise für dich wichtig sind.

Vielleicht wirst du auch Beziehungen zu verschiedenen inneren Freunden entwickeln. Für gewöhnlich entwickelt sich aber mit der Zeit eine besondere Freundschaft mit derselben bekannten Gestalt aus deiner Innenwelt. Vertraue auf das, was kommt. Dein innerer Freund kann ebenso gut ein Engel wie eine Zeichentrick-Ente sein. Dein innerer Freund ist häufig auch als Unterstützung und Begleitung auf anderen Innenreisen präsent und kann gerufen werden, wenn du irgendwo feststeckst oder durcheinander bist.

Nimm dir die Zeit, in deiner Innenwelt Freundschaften zu knüpfen. Ebenso wie Freundschaften in der äußeren Welt Freude und Fülle in dein Leben bringen, sind Freundschaften in der Innenwelt ein Schatz von Unterstützung, Beistand und Kameradschaft, die dich durchs Leben begleiten.

Erfahrungsberichte von Reisen mit dem inneren Freund

Sharon ist ein hochspiritueller Mensch Ende fünfzig. Ihre Kinder sind erwachsen. Sie hat ihren Weg zur Gesundheit nach vielen Jahren chronischer Krankheit gefunden. Sie hat ihren inneren Freund das erste Mal auf einer Gruppen-Imaginationsreise getroffen und sich anschließend viele Male alleine mit ihm verabredet.

Bär kommt in einem lichtdurchfluteten Wald zu mir. Ich bin mir sofort seiner Stärke und seiner animalischen Natur bewusst. Er ist fast zwei Meter groß, und sein Fell ist dunkelbraun. Er verströmt den Geruch eines reinlichen Tieres, was ich angenehm finde. Die wunderbare Eigenschaft, die mit ihm einhergeht, ist Liebe. Er ist weich und warm und voller Liebe. Wir begrüßen einander mit einer herrlichen Umarmung. Obwohl Bär so liebevoll ist, bemerke ich, dass er besorgt ist. Ich spüre, dass Mitgefühl von ihm ausströmt. Er sagt mir, dass er mich durch die schwierigen Zeiten begleiten wird, die vor mir liegen. Er sagt mir, dass es schmerzhaft und dunkel werden wird, aber dass darauf eine Zeit folgen wird, die schöner wird als jede andere Zeit in meinem Leben. Mich beunruhigen seine Worte über die »Zeit der Dunkelheit«. Das sage ich ihm. Sein wunderschöner Geist strahlt ganz hell, als er mir seine Stärke und seinen Mut anbietet. Er versichert mir, dass die auf mich zukommende Zeit des Leids vorbeigehen wird, und verspricht mir eine strahlende Zukunft, die auf die kommende Dunkelheit folgen wird.

Sharon traf sich nach dieser Reise häufig mit Bär. Dann saßen sie auf dem lichtbesprenkelten Waldboden beisammen. Sie lehnte sich an ihn, und seine Arme umschlossen sie, während sie seine Stärke, Liebe und Kraft in sich aufnahm. Die dunkle Zeit kam. Ihre Mutter hatte einen Herzinfarkt, der ihre linke Körperseite lähmte. Acht Monate später wurde bei ihrem Ehemann ein tödliches Lymphom diagnostiziert. Ein Jahr darauf starb ihr ältester Sohn. Sharon besuchte ihre Mutter jeden Tag, bis sie starb. Inzwischen befindet sich ihr Mann in der Reha und schlägt sich gut. Sharon beschreibt sich selbst als »noch nicht ganz aus dem dunklen Unterholz heraus«, aber es geht wieder viel leichter. Sie bezeichnet Bär als ihren »inneren Mut, als innere Kraft und Stärke«. Sie glaubt, dass er in Zeiten der Not als wunderbarer Freund zu ihr gekommen ist, um ihr durch Verlust, Leid und Wandel zu helfen und sie in eine hellere Zukunft zu geleiten.

***

Rona ist 40. Sie interessierte sich schon lange für die Verbindung zwischen Körper und Geist und hat bereits zuvor Innenreisen unternommen, jedoch nie mit dem speziellen Ziel, einen inneren Freund oder Begleiter zu finden. Hier ist ihre Reise zu ihrem inneren Freund:

Wenn ich meine Augen schließe, sehe ich eine kleine Mönchspuppe, die ich als Mädchen besaß. Es ist eine selbstgemachte Puppe und sie trägt eine braune Kutte mit Kapuze. Das Gesicht hat aufgemalte Punkte als Augen und Nase und einen Bart aus weicher Wolle. Ich sage »Hallo« zu ihr, und sie scheint real zu werden. Ich bin am Meer und sitze auf einer Bank, und ein Mann in einer groben braunen Kutte sitzt neben mir. Er sagt, dass sein Name Bruder David lautet. Er sieht aus wie eine Mischung aus Sean Connery und meinem Großvater. Ich vertraue ihm und teile ihm das mit. Er berührt mein Gesicht und sagt mir, dass es mir gut geht. Während wir auf das Meer hinaus blicken, spüre ich, wie er meine Hand nimmt. Seine Hand ist verwittert, und seine Haut fühlt sich rauh und warm an. Ich bemerke seine sauberen, kurzen Nägel, als sich unsere ineinander verschlossenen Hände auf meinen Schoß legen.

Ich sage Bruder David, dass ich Probleme damit habe, dass mein Herz so eigensinnig ist. Mein Zuhause und meine Familie sind mir wichtig, aber mein Herz will so viel mehr. Er bittet mich, die Dinge zu benennen, die ich will. Er bittet mich, sie in den Sand zu schreiben. Als ich mit Schreiben beginne, fragt er mich, wann mir der Platz ausgehen wird. Ich denke über die Frage nach, während ich den Strand entlangblicke, der sich in beide Richtungen ausdehnt. Er lächelt. Er sagt mir, dass ich mir keine Sorgen machen soll. Er sagt mir, dass mein Herz mehr aushält, als ich mir vorstellen kann. Ich frage ihn, was er von mir braucht. Er neigt seinen Kopf. Als er mich wieder anblickt sagt er: »Morgen.« Ich spüre, dass er mehr meint als bloß ein weiteres Treffen. Ich spüre, dass wir für lange Zeit zusammen sein werden. Ich nicke und antworte: »Morgen.« Ich spüre, dass sich etwas in mir bewegt, so, als hätte sich etwas verschoben. Ich habe ein Versprechen gegeben, das ich in Ehren halten werde. Ich werde viele Male mit vielen Fragen für viele Besuche zu dieser Bank zurückkehren. Ich spüre, dass ich einen Gefährten für mein ganzes Leben gefunden habe.

Jahre nach diesem ersten Zusammentreffen ist Bruder David noch immer Ronas innerer Freund. Sie sagt, dass sie Zeiten der Unterhaltung ebenso wie Zeiten der Stille, gemeinsam auf der Bank sitzend oder den Strand entlangschlendernd, genossen haben. Sie geht zu ihm, wenn sie durcheinander oder aufgewühlt ist oder Rat braucht. Auch besucht sie ihn aus der puren Freude heraus, mit ihm zusammen zu sein. In praktischer Hinsicht berichtet sie von einem Gefühl größerer Stabilität und einer neuen Bereitschaft, in das zu vertrauen, was in ihrem Leben geschieht, seit sie ihren inneren Freund, Bruder David, getroffen hat.

Die Reise zu deinem inneren Freund

- ✦ Schütze den Raum. Bete.
- ✦ Beruhige deinen Geist, entspanne deinen Körper (Erde-Luft-Atem-Körper). (Wenn du willst, kannst du auch zuerst an deinen inneren besonderen Ort gehen.)
- ✦ Bitte deinen inneren Freund zu kommen und bei dir zu sein. Benutze Worte, die für dich passen (zum Beispiel: innerer Berater, innerer Helfer oder innerer Verbündeter).
- ✦ Beginne eine Unterhaltung, indem du die fünf wesentlichen Zutaten nutzt.
  - Begrüße deinen Freund. Danke ihm für sein Kommen.
  - Frage ihn, ob er eine Botschaft für dich hat.
  - Frage ihn, ob er irgendetwas von dir braucht.
  - Frage, ob noch irgendetwas geschehen soll, was eure Beziehung vertieft.
- ✦ Danke deinem Freund für sein Kommen und verabschiede dich.
- ✦ Kehre in die physische Außenwelt zurück. (Atem-Körper-Erde-Luft)
- ✦ Schreibe deine Reise auf.
- ✦ Finde Wege, deine Reise in dein Leben zu integrieren.

Kapitel 13

Die innere Kapelle

Menschen brauchen einen Ort, an dem sie Ruhe und Frieden finden, an dem sie ihrem Gott nahe sein können, einen Ort mit göttlicher Präsenz, an dem Fragen gestellt und Entscheidungen getroffen werden können; einen Ort, an dem überströmende Traurigkeit und Freude und die Regungen des menschlichen Herzens auf einen Altar gelegt und vor Gott gebracht werden können. Menschen brauchen einen Ort, an dem sie die besondere Nähe zu ihrem Schöpfer spüren können. Gebete können viele Formen annehmen, und die Menschen haben viele Wege gefunden, um ihrem Gott nahe zu sein. Die Innenreise ist eine wunderbare Art, um die spirituelle Kommunion (= Zusammenkunft) zu erleben.

Ein Ort, der Gebete gut aufnimmt und sie verstärkt, kann unseren Sinn für das Beten vertiefen. Eine berauschende Aussicht, ein glitzernder See, eine Wiese voller Blumen oder ein wilder einsamer Platz können uns helfen, uns dem Mysterium Gottes nahe zu fühlen. Nähe zur Natur hilft den meisten Menschen, sich Gott nahe zu fühlen. Manche Menschen haben das Glück, tatsächlich Orte in ihrem Leben zu haben, die diese Nähe bieten. Für manche ist es eine Bergspitze oder ein Flussufer, für andere ist es eine Kirche oder sonst ein besonderer Raum. Für manche ist ein Ort der Andacht zu weit weg, um ihn regelmäßig zu besuchen, oder er existiert nur in der Erinnerung. Aber jeder trägt seine eigene innere Welt mit sich, wo immer er auch sein mag, und in dir gibt es einen Ort, vielleicht sogar viele Orte, an denen sich das Gebet vertiefen und du eine neue Nähe zu Gott spüren kannst.

Der verstorbene jesuitische Lehrer und Autor Anthony De Mello lehrt, dass eine der besten Hilfen für ein Gebet ein Ort ist, der dem Gebet zuträglich ist. Er spricht davon, wie eine sternenklare Nacht oder eine wunderschöne Morgen- oder Abenddämmerung unsere Nähe zu Gott verstärken kann und somit auch unser Gebet. Er empfiehlt, dass wir uns lange und in liebevoller Hinwendung an den Orten aufhalten sollen, die uns beim Beten helfen, und er fügt hinzu, dass wir diese Orte in unseren Herzen tragen und tief ins Gedächtnis einprägen und in unserer Vorstellung immer wieder zu ihnen zurückkehren können.

Diese Übung habe ich die »Innere Kapelle« genannt. Das Wort Kapelle stammt von dem altfranzösischen Wort *chapele* und dem mittelalterlichen lateinischen *capella*, was »kleiner Kapuzenumhang« bedeutet. Es bezeichnet eine Kopfbedeckung. Diese Bedeckung stellt die kleinstmögliche persönliche Zuflucht dar. Wir verstehen »Kapelle« als einen Ort der Verehrung. Für gewöhnlich hat sie einen Altar für persönliche Gebete. Es ist nicht unbedingt eine Kirche. Herkunft und Bedeutung des Wortes »Kapelle« vermitteln den Eindruck von Schutz und Intimität. Das Wort selbst erweckt bereits das Gefühl.

Denke als Vorbereitung auf deine Reise zu der inneren Kapelle an Orte zurück, an denen du dich Gott besonders nah gefühlt hast. Selbst wenn es ein Ort unendlicher Weite ist, kann er als innere Kapelle infrage kommen. Es ist einfach ein Ort, an dem du dich Gott nahe fühlst, ein Ort, an dem du deine Seele offenbaren kannst.

Reisen zur inneren Kapelle

Nimm dir etwas Zeit, um dich auf die Reise vorzubereiten. Werde ruhig und entspannt. Bestenfalls befindest du dich an einem Ort, der möglichst frei von Ablenkung ist. Erlaube deinem Herzen und deinem Geist, dich deinem Vorhaben zuzuwenden.

Führe alle Gebete aus, von denen du gerne in deine Innenwelt begleitet werden würdest. Wenn du dich an den Ort begibst, an dem deine Reise stattfindet, bitte deine innere Kapelle, sich dir zu zeigen. Lasse ihr dafür Zeit. Manchmal tauchen mehrere Bilder auf und verschmelzen zu einem, oder eines wird stärker und klarer, während die anderen verblassen.

Es kann ein Bild sein, an das du dich erinnert hast, als du über Orte, an denen du dich Gott nahe gefühlt hast, nachdachtest. Es kann auch ein für dich völlig neuer Ort sein, der aus deinen Tiefen aufsteigt, aus dem zutiefst Guten, das in dir ist und alles umfasst, was du bist.

Während dieser Ort, diese innere Kapelle, sich dir offenbart, nimm dir die Zeit, die umliegende Landschaft wahrzunehmen. Bist du drinnen oder draußen? Falls du draußen bist, gibt es dort Gebilde, Gebäude oder Ähnliches? Falls du drinnen bist, weißt du, was sich um das Gebäude herum befindet? Bist du Teil eines größeren Landschaftsbildes? Verhalte dich natürlich. Was würdest du in deinem äußeren Leben an diesem Ort tun? Würdest du dich ein wenig umsehen? Dann tue es. Versuche, alles wahrzunehmen. Betrachte den Ort so umfassend, wie du kannst. Sieh die Farben. Höre die Geräusche. Spüre die Beschaffenheit der Luft und des Lichtes. Kannst du etwas riechen? Siehst du einen Altar, einen Ort von besonderer Bedeutung? Befindet sich ein Gebet in deinem Herzen, das zu Gott aufsteigen möchte? Lass es heraus. Nimm dir Zeit. Öffne dein Herz für dein Gebet.

Vielleicht willst du einfach nur an dem Ort *sein*. Dann gönne dir diese Freiheit. Soll noch etwas geschehen? Es gibt unzählige Wege, sich bei der inneren Kapelle aufzuhalten. Vielleicht möchtest du eine Kerze anzünden, eine bestimmte Haltung einnehmen oder auf irgendeine Weise aktiv werden? Vielleicht sehnst du dich einfach nach Stille. Spüre in deine Wünsche hinein. Folge ihnen. In der Welt der Vorstellung ist alles möglich. Hier kannst du auf deine eigene Weise beten. Erlaube der Innenwelt, sich zu entfalten.

Manchmal gesellt sich ein anderes Wesen dazu, vielleicht ein geliebter Meister aus deiner Tradition, ein Engel oder ein Tier. Sei offen. Wenn du dir die Anwesenheit eines anderen wünschst, sprich die Einladung aus. Ich habe bei vielen Jesus, Engel oder geliebte Menschen (lebende und verstorbene) hinzutreten sehen, als sie diese Übung ausführten. Erinnere dich daran, nichts zu erzwingen oder zu choreografieren, was erscheint. Lade ein. Lasse zu. Vielleicht gehört ein aktiver Dialog, ein stiller Dialog im Herzen oder tiefe Ruhe zu deiner Zeit in der inneren Kapelle.

Wenn du eine Frage oder ein Problem an diesem Ort lassen möchtest, kannst du das tun. Du verlässt ihn dann mit der Gewissheit, dass deine Frage oder Sorge an diesem heiligen Platz bewahrt wird, während du weiterlebst. Dies ist dein Ort, und du bist hier willkommen. Du kannst so oft wiederkehren, wie du möchtest.

Wenn sich dein Besuch in der inneren Kapelle dem Ende zuneigt, verabschiede dich von allen, die dort sind, ebenso wie vom Ort selbst. Wenn du gerne ein Geschenk oder eine Gabe dort lassen möchtest, kannst du dies auf eine Weise tun, die sich richtig für dich anfühlt. Bedanke dich. Atme. Lasse dein Bewusstsein Stück für Stück zur äußeren Welt und zu deinem physischen Körper zurückkehren.

Wenn möglich, gönne dir eine kleine Ruhezeit, bevor du zum Alltagsgeschäft zurückkehrst. Ein Spaziergang, ein Bad oder eine Arbeit mit den Händen erleichtert den Übergang und würdigt die Reise. Nimm den Segen der Zeit, die du in deiner inneren Kapelle verbracht hast, entgegen. Du kannst ihn in dir tragen, wo immer du hingehst. Deine Kapelle ist immer zugänglich, wenn du sie brauchst.

Das Bild deiner inneren Kapelle, dem Hort des Gebets, kannst du immer verwenden, wenn du dich in Gott zentrieren möchtest. Vielleicht nutzt du das Bild als stets gegenwärtige Erinnerung, indem du es in deinem Alltag im Hinterkopf behältst. Das Bild, das du findest, ist deines. Wenn du möchtest, kannst du es bitten, seine Reflektion in deinen Geist, dein Herz und deinen Körper zu werfen, wo es dauerhaft ein Refugium für dich ist.

Erfahrungsberichte von Reisen zur inneren Kapelle

Als Begleiterin wurde ich von dieser einfachen Übung zutiefst berührt – und von der Schönheit der Welten, die sich jenen eröffnet hat, die sich auf die Reise zur inneren Kapelle begeben haben. Ich werde mit meiner eigenen Reise zur inneren Kapelle beginnen. Der Frieden, den ich an diesem Ort erfahren habe, hat mich angeregt, diese Methode mit anderen zu teilen.

Ich befinde mich an einem Ort weit oben. Der Himmel ist blau, Wolken ziehen über ihn hinweg. Das Land selbst sieht aus wie ein Feld. Die goldenen Gräser stehen hoch. Ein kleines Gebäude befindet sich zu meiner Linken. Es ist aus Fachwerk. In dem Gebäude befinden sich zwei einfache Bänke. Eine Quelle entspringt dem Boden. Neben der Quelle ist eine runde Steinplatte. Der Altar ist aus Stein. Daneben ist eine kleine Nische. Eine Kerze in einem roten Glas brennt an der Wand. Ein rundes Fenster aus bemaltem Mosaik strahlt mich an. Eine unscheinbare Tür mit einer Metallklinke führt vom Gebäude ins Freie. Die Luft ist dünn.

Dies ist ein Ort tiefer Ruhe. Oft wird mir, wenn ich hier bin, die Gegenwart des Herrn bewusst. Manchmal liegen wir gemeinsam im hochgewachsenen Gras und beobachten die Wolken. Ich spüre mein Herz, freudvoll und wach… ruhend.

Wenn ich zu diesem Ort in meiner Bilderwelt gehe, fühle ich mich freier in meinen Gebeten. Ich spüre auch eine tiefe Verbundenheit mit Jesus, der an diesem Ort häufig zu mir stößt. Dies ist nicht die einzige Art, auf die ich bete, aber es ist eine wunderschöne.

***

Es folgt die Reise von Sean. Er ist 46, ein Physiker, der im Gesundheitswesen in einer Metropolregion arbeitet. Hier ist sein Erlebnis mit der inneren Kapelle, das er mit mir geteilt hat:

Ich schließe meine Augen und bete: »Bringe mich zu meiner inneren Kapelle.« Sofort befinde ich mich an einem unerwarteten Ort. Ich bin am Strand. An einer schmalen Bucht, die sich hinter einem Durchfluss mit dem wunderschönen Meer verbindet. Der Durchfluss ist eng mit steilen Steinwänden.

Ich stehe in einer Ausbuchtung. Das Wasser ist seicht. Als ich auf das blaue Wasser hinausblicke, sehe ich etwas Strahlendes aufragen, das die Quelle von allem ist, was aus dem Wasser stammt. Es ist Gott. Das Wasser spült in meine Bucht und ist klar, warm und lebendig. Ich bade darin und spüre seine erfrischende Liebe und seinen Energiefluss durch meine Haut bis hinein in die physische Realität. Ich spüre die Gegenwart eines Freundes. Dann sehe ich ein strahlendes Wesen von der anderen Seite der Bucht kommen. Ich spüre, dass es Jesus sein muss. Ich finde einen Ort, an dem wir auf warmen Steinen am Wasser sitzen können. Er kommt und setzt sich mir gegenüber. Als ich seine Hände halte, fließt eine große Traurigkeit von mir ab und seine Liebe in mich hinein.

Er zeigt mir, dass die Zeit, die wir gemeinsam verbringen, vollkommen ist. Ich mache ein Feuer auf den Steinen hinter einem herrlichen Fels, wo ich sitzen und über die Bucht auf das Meer schauen kann. Ich bemerke einen dichten Wald, der an den Strand grenzt, und stelle fest, dass er eine grenzenlose Quelle ist, um mein Feuer zu unterhalten. Der Ort, an dem ich mein Feuer entzündet habe, ist mein Altar. Solange er gebraucht wird, werde ich das Feuer nicht erlöschen lassen.

Nachdem er mir von dieser Reise berichtet hatte, teilte er mir auch diese Beobachtungen mit: »*Meine kleine Kapelle ist in jeder Hinsicht der perfekte Ort für mich. Er ist der perfekte Rückzugsort, um zu lernen. Er ist mein persönliches Fenster zu und mit Gott.*«

***

Nun folgt die Reise von John. Er ist 65 Jahre alt und Schulbusfahrer.

Ich finde mich in einem bewaldeten Tal an einem Wasserfall wieder. Hinter dem Wasserfall ist eine Höhle. Ich sehe ein Tipi oberhalb des Wasserfalls. Fähnchen und Girlanden in strahlenden Grundfarben flattern an seinem Gestänge. Die Farben der Landschaft wechseln zwischen Grün und Erdtönen. Steine glitzern feucht an der linken Seite der Höhle, ich sehe dort eine Kerze auf einem Felsvorsprung. Ich verbeuge mich vor diesem einfachen Altar (dem nichts aus meinem Alltagsleben gleicht).

Ich sehe meine Eltern hier. Sie sind jung. Ich auch. Wir sind alle in Wildleder gekleidet. Meine Eltern sprechen darüber, wie sehr sie mich wertschätzen. Sie sprechen davon, dass sie wünschten, mich nicht zu bestimmten Dingen gezwungen zu haben, als ich jung war. Sie entschuldigen sich. Ich bin tief bewegt.

John fand einen Ort der tiefgreifenden Heilung und der starken Emotionen in seiner inneren Kapelle. Tränen flossen, als er freimütig sein Reiseerlebnis teilte. Später erzählte er mir, dass er seine innere Kapelle manchmal besucht und davon, wie er jedes Mal, wenn er dort ist, Frieden und Gelassenheit erlebt.

***

Dieses Gebet und diese Art der Innenreise sind völlig frei. Es ist ein Weg, Gebete deines Herzens zu verstärken, egal, welchem Glauben du angehörst. Befolge die einfachen Richtlinien und finde deine eigene innere Kapelle. Wenn du diese Übung regelmäßig ausführst, wird sie dir in Fleisch und Blut übergehen. Mögen deine Reisen gesegnet sein.

Die Reise zu deiner inneren Kapelle

- ✦ Schütze den Raum. Bete.
- ✦ Beruhige deinen Geist, entspanne deinen Körper. (Erde-Luft-Atem-Körper)
- ✦ Bitte deine innere Kapelle, sich dir zu zeigen.
- ✦ Nimm alles an deiner inneren Kapelle mit deinen inneren Sinnen wahr.
  - Bist du drin oder draußen?
  - Was befindet sich um dich herum?
  - Welche Farben, Geräusche und Gerüche gibt es an diesem Ort?
- ✦ Möchtest du diese innere Kapelle gerne erkunden? Wenn ja, tue es.
- ✦ Gibt es hier in irgendeiner Form einen Altar oder einen besonderen Ort, an dem du beten möchtest?
- ✦ Öffne dein Herz für das Gebet, und bete auf deine eigene Art und Weise.
- ✦ Muss noch etwas geschehen, während du hier bist? Lasse es zu, wenn es sich richtig anfühlt.
- ✦ Gibt es etwas, was du hier gerne tun würdest? (Beispielsweise eine Kerze anzünden, eine besondere Gebetshaltung einnehmen, eine Geste der Dankbarkeit oder Ehrerbietung?)
- ✦ Möchtest du gerne eine Frage oder ein Problem hier zurücklassen?
- ✦ Wenn andere Wesen bei dir sind, beginne ein Gespräch, wenn es sich angemessen anfühlt. Begrüße sie und danke ihnen für ihr Kommen.
  - Haben sie eine Botschaft für dich?
  - Brauchen sie etwas von dir?
  - Was muss noch geschehen?
  - Wenn du bereit bist zu gehen, danke ihnen und verabschiede dich.
- ✦ Danke deiner inneren Kapelle dafür, dass sie sich dir gezeigt hat. Verabschiede dich von ihr.
- ✦ Schreibe deine Reise auf.
- ✦ Gib dir Zeit, deine Reise in deinen Alltag zu integrieren. Bleibe in der Energie deiner Reise. (Gehe zum Beispiel spazieren, arbeite mit deinen Händen oder verbringe etwas Zeit im Stillen.)

Selbstfindung

Frage doch die Tiere, sie werden dich's lehren und die Vögel unter dem Himmel, die werden dir's sagen; oder rede mit der Erde, die wird dich's lehren, und die Fische im Meer werden dir's erzählen.

Hiob 12:7-8

Kapitel 14

Die Tiere

Menschen sind eine von vielen Lebensformen auf der Erde. Für Myriaden von Kreaturen aller Art, für Pflanzen von wunderbarer Vielfalt ist dieser Planet das Zuhause. In den Tiefen des menschlichen Geistes wohnt das Bewusstsein und das Wissen der anderen Lebensformen, mit denen wir diesen Planeten teilen. Manche dieser Lebensformen haben wir mit unseren eigenen Augen gesehen, indem wir sie in ihrem natürlichen Lebensraum beobachtet haben. Andere haben wir domestiziert, wir teilen unsere Leben mit ihnen und manchmal auch unser Wohnzimmer. Manche haben wir auf dem Fernsehschirm oder in Magazinen und Büchern gesehen. Manchmal fürchten wir sie oder sehen in ihnen eine Plage. Ihr Dasein unter uns sorgt für unsere tägliche Nahrung. Wir sind von ihnen fasziniert. Kinder lieben sie.

Ein Schulbibliothekar erzählte mir einmal, dass die Bücher, die am häufigsten von Kindern ausgeliehen werden, Bücher über Tiere sind. Die amerikanischen Ureinwohner nennen Tiere Bruder und Schwester, ebenso wie Franz von Assisi, der bekannt ist für seine Tierliebe.

In der indianischen Tradition sind wir Menschen durch tiefen Respekt und ein Verwandtschaftsgefühl eng mit Pflanzen und Tieren verbunden. Ich werde die Lehren des Lakota-Häuptlings Luther Standing Bear heranziehen, um diesen Glauben an die Verwandtschaft aller Dinge zu verdeutlichen. Häuptling Standing Bear sprach von der vereinenden Lebenskraft, die in allen Dingen und durch sie hindurchfließt. Diese Lebenskraft wurde dem ersten Menschen eingehaucht und vereint seitdem alle Dinge in Verwandtschaft innerhalb des Großen Geheimnisses. Dies war ein aktiver Glaube, er verband den Menschen mit den Blumen, den Winden, den Steinen, den Bäumen und den Tieren. Dieser Glaube manifestierte sich in den Menschen als beständige Liebe, Freude und Ehrfurcht vor dem Mysterium des Lebens, wo alles Existierende einen heiligen Platz hat.

Das Gefühl der Verwandtschaft mit anderen Lebewesen ist tief in der menschlichen Seele verankert. Tiere und Pflanzen kommen als Besucher in deine Träume und in die Fantasie. Sie sprechen aus Teilen von dir, die ursprünglich und instinkthaft sind. Während der Imaginationsreisen können die Energien, die sich in dir ausdrücken, die Gestalt dieser Brüder und Schwestern des Pflanzen- und Tierreichs annehmen. Die Natur bietet eine Menge verschiedener Formen, aus denen das Unterbewusstsein wählen kann. Dies ist die Bilderwelt der Tiere. Die Tiere in dir können dich lehren und führen und dir dabei helfen, zur Freude und zum Mysterium deiner eigenen Wahrheit zurückzufinden.

Mein Hintergrund mit Tieren

Meine erste Begegnung mit der Tiefenimagination hatte ich, als ich Eligio Stephen Gallegos, der von seinen Schülern liebevoll Steve genannt wird, kennenlernte und mit ihm arbeitete. Die Arbeitsweise, die Steve damals anbot, war eine Imagination, die auf die Chakren oder Energiezentren des Körpers ausgerichtet ist. Die Vorstellung von den Chakren ist sehr alt und stammt aus Indien. Chakra bedeutet auf Sanskrit »Rad«. Jedes Chakra korrespondiert mit einem bestimmten Ort und Raum des Bewusstseins im Körper, wo diese »Energieräder« sich auf bestimmte Aspekte des Seins beziehen. Wir werden uns auf ein System konzentrieren, in dem es acht Chakren gibt.

Die Chakren, oder Energieräder, sind von unten aufsteigend angeordnet: an der Basis der Wirbelsäule, im Unterbauch, im Solarplexus (zwischen Nabel und Herz), im Herzen, in der Kehle, in der Stirn, am

Scheitel, der sogenannten »Krone«, und in einem Gebiet etwa zwanzig Zentimeter über dem Kopf, welches als das transpersonale Chakra bekannt ist. Steve hat unsere Gruppe aufgefordert, unsere Augen zu schließen und die Tiere der verschiedenen Chakren zu uns einzuladen. Wir haben uns jeweils auf ein bestimmtes Chakra konzentriert, während er uns anleitete, das entsprechende Chakra-Tier hervorzurufen. Er nutzte bei den Tieren ein Muster der Kommunikation, welches ich in diesem Buch erläutere und das ich »das Rezept« nenne. Steve verbreitet diese Arbeit in der Welt. Ich wurde eine Schülerin der »Tier-Arbeit«, wie sie von jenen genannt wird, die sie leben und mit ihr arbeiten. Es ist ein einfacher und wunderbarer Weg, die Rhythmen der eigenen Vorstellungskraft kennenzulernen, während man zur selben Zeit die verschiedenen Aspekte seines Seins erforscht, sich wandelt und in die eigene Ganzheit und Wahrheit wächst.

Die Chakra-Tiere

Die Tiere können auf unterschiedliche Weise eingeladen werden. Wenn man ein Tier ruft, ist dies eine direkte Einladung, die die unendlichen Möglichkeiten der Imagination eingrenzt. Beispielsweise ist es sehr klar, zu sagen: »Tier meines Herzens, bitte zeige dich.« Es ist auch möglich zu sagen: »Bild meines Herzens, bitte zeige dich.« Beide Fragestellungen bieten unendliche Möglichkeiten, aber nach einem Tier zu fragen, ist direkter und gestaltet den Vorgang und die Einladung prägnanter. Was auch immer du wählst, erinnere dich daran, zu begrüßen, was immer sich zeigt. Wenn du nach einem Tier gefragt hast und ein Kanu siehst, dann begrüße das Kanu!

Mit den Chakra-Tieren zu arbeiten, ist eine wunderbare Einführung in die Tiefenimagination. Hier ist eine einfache Möglichkeit, vorzugehen: Befolge das, was du im »Rezept« findest: Du schützt den Raum, betest, beruhigst deinen Geist und entspannst deinen Körper. Dann gestattest du deiner Aufmerksamkeit, sich sanft auf das Chakra zu richten, mit dem du arbeiten willst. Rufe still im Inneren, bitte das Tier des betreffenden Chakras, sich zu zeigen. Begrüße es und danke ihm für sein Kommen. Frage, ob es mit einer Botschaft für dich gekommen ist oder ob es dir etwas zeigen oder sagen möchte. Gestatte der Reise, sich zu entfalten. Reise mit dem Tier, sprich mit ihm und betrachte das, was es dir zeigt. Frage es, was es braucht. Hake nach, ob noch etwas geschehen soll. Wenn du das Ende der Reise verspürst, verabschiede dich und danke dem Tier. Wenn deine Reise beendet ist, nimm dir etwas Zeit, wieder in die äußere Welt zurückzufinden. Schreibe deine Reise auf. Finde einen Weg, deine Entdeckungen in dein Leben zu integrieren. Die Rhythmen und Energien in dir haben eine Form angenommen und mit dir durch die Sprache deiner inneren Bilder gesprochen. Häufig stellt sich ein belebendes Gefühl ein, wenn sich die Tiere zeigen und dich auf einer inneren Ebene zu Einsicht, Heilung und Freundschaft führen.

In der Arbeit mit Chakra-Tieren, die von Steve Gallegos gelehrt wird (dem Personal Totem Pole Process™, *Persönlichen Totempfahl-Prozess*), versammeln sich die Tiere der einzelnen Chakren zu einem Rat, tauschen sich aus und treten in Beziehung miteinander. Diese Versammlung wird häufig zu einem Ort wunderbarer Heilung und Wandlung. Typischerweise entscheidet das Kronenchakra-Tier, wo sich der Rat trifft, und die Tiere der anderen Chakren versammeln sich an diesem Ort. Bei diesem Rat haben alle eine gleichberechtigte Stimme. An diesem Ort kann alles zur Sprache gebracht werden. Die Unterhaltung darf sich ganz natürlich entfalten, und jedem Tier wird die Möglichkeit gegeben zu sprechen.

Es gibt vieles, was entdeckt werden kann, und viele Quellen stehen dem Leser zur Verfügung, der mehr über Chakren und die Arbeit mit den Chakra-Tieren wissen will. Ich werde nachfolgend einfach die grundlegendsten Aspekte (auch wenn diese sich je nach Quelle unterscheiden können) auflisten und beschreiben, wo sich die Chakren befinden, und dir, dem Leser, in der Bibliographie im Anhang weitere Quellen nennen, falls du tiefer in diese Form der Innenreise oder in das Thema Chakren selbst eintauchen möchtest.

1. Chakra: an der Basis der Wirbelsäule, dem Steißbein-Nervengeflecht, auch bekannt als Wurzelchakra. Entspricht Sicherheit, Geborgenheit und Erdung.

2. Chakra: knapp unter dem Nabel im Unterbauch, auch bekannt als Sakralchakra. Betrifft Gefühle, Fluss, Kreativität und Sinne.

3. Chakra: im Solarplexus zwischen Herz und Nabel, auch bekannt als Solarplexuschakra. Entspricht Vitalität, Tatkraft, Selbstbewusstsein, Selbstachtung und eigene Kraft.

4. Chakra: im Herzen und um es herum, bekannt als Herzchakra. Konzentriert sich auf Liebe, Mitgefühl, Vergebung und Gemeinschaft.

5. Chakra: in der Halsregion, bekannt auch als Kehlkopfchakra. Hat mit Kommunikation, Wahrheit, Wahl und Ausdruck zu tun.

6. Chakra: in der Stirn, auch bekannt als das »Dritte Auge«, auf halbem Weg zwischen den Augenbrauen und der Zirbeldrüse. Bezieht sich auf Intellekt, Intuition, Weisheit, Klarheit, und den Wunsch nach spirituellem Wachstum.

7. Chakra: am Scheitel, auch bekannt als Kronenchakra. Entspricht dem Geist, der Gnade und göttlicher Präsenz.

8. Chakra: etwa zwanzig Zentimeter über dem Kopf, auch bekannt als Transpersonalchakra. Verbindet das Individuum mit dem Universum und grenzenlosem Bewusstsein.

Ein Beispiel einer Reise mit Chakra-Tieren wird am Ende des Kapitels vorgestellt. Obwohl jedem Chakra spezifische Eigenschaften zugeschrieben werden, können die Eigenschaften der Chakren von Person zu Person variieren. Das Tier selbst kann dir über die Energie des Chakras, in dem es sich befindet, Auskunft geben; über seinen Gesundheitszustand und seine Stärke oder Schwäche. Diese Information ist vielleicht nicht wortwörtlich zu nehmen, wird aber auf der Reise in das Gebiet sichtbar.

Die Vielfältigkeit der Tier-Reisen

Die Tiere, die du auf deinen Reisen triffst, können dir helfen, die Orte in dir zu finden, an denen du Wachstum und Wandel erfahren kannst. Sie können krank oder in Käfigen oder Gefängnissen eingesperrt sein, wenn du sie siehst. Sie können schwach und nahrungs- und unterstützungsbedürftig sein oder auch miteinander streiten. Alle Menschen sind unterschiedlich, so auch die Energien, die in ihnen existieren. Die Tiere werden dir deine Stärken und deine Schwächen zeigen und dir helfen, dich zu entwickeln und auf natürliche Weise zu wachsen. Frage sie, was sie brauchen. Sie werden es dir sagen.

Du kannst bei jeder Art der Innenreise ein Tier herbeirufen. In den vielen Jahren meiner Anleitung sind Tiere erfahrungsgemäß die häufigsten Helfer aus der Innenwelt. Vielleicht willst du deine Beziehung zu Freunden erforschen. Du kannst ein Tier der Freundschaft rufen. Vielleicht sollst du Anführer von etwas sein. Du kannst ein Tier der Führung rufen. Die Tiere können dir die Gaben zeigen, die du der Welt geben kannst. Die amerikanischen Ureinwohner kennen Totemtiere. Dies sind Tiere, die dir deine Gaben, deinen Heilungsweg und deine Verbindung mit dem Mysterium des Lebens aufzeigen.

Du kannst Totemtiere herbeirufen, die für eine besondere Situation stehen oder dir als Lebensbegleiter helfen, in die Ganzheit deines Seins zu wachsen, indem sie dich fortwährend an deine Stärken erinnern und an deinen Sinn und dein Sein. So gesehen, bist du niemals allein, denn sie sind immer bei dir. Die Tiere sind in dir und warten darauf, sich dir zu zeigen.

Erfahrungsberichte von Tier-Reisen

Die folgenden wahren Geschichten zeigen verschiedene Arten, mit Tieren zu arbeiten. In der ersten Geschichte sucht eine junge Schülerin von mir ihr Tiertotem auf einer Innenreise. Die zweite Geschichte beleuchtet die Arbeit eines Heilers mit seinen Chakra-Tieren und die Botschaften, die er von ihnen auf seiner Reise bekommt.

Lisa ist eine junge Collegestudentin, die ich in meinem Yoga-Unterricht kennenlernte. Sie war an der Arbeit mit inneren Bildern interessiert, und wir vereinbarten einen Termin für eine Sitzung bei mir, um sich mit ihrem Tiertotem zu treffen, einem Medizin-Tier, das ihr helfen würde, sich zu erden und dem Leben verbunden zu fühlen. Sie wollte ihre Verbindung zur Erde vertiefen und erzählte mir, dass sie sich sehr für indianische Bräuche und Glaubensvorstellungen interessierte. In Gegenwart von Menschen war sie freundlich und lebhaft, aber sie sagte, sie fühle sich häufig niedergeschlagen, ohne zu wissen, warum. Hier ist Lisas Reise zu ihrem Totemtier:

Ich rufe mein Totemtier. Als erstes sehe ich grüne Augen. Sie sind klar wie tiefe Tümpel. Ich spüre eine goldene Katze mit einem langen Schwanz, eine große Löwin. Ich begrüße Katze und danke ihr für ihr Kommen. Sie blickt mich aufmerksam an, neugierige Lebendigkeit liegt in ihren Augen. Ich bemerke, dass ihr Schwanz sich langsam bewegt, er ist fast cartoonähnlich in einem Moment und real und animalisch im nächsten. Ich frage, ob sie mit einer Botschaft für mich gekommen ist.

Sie beginnt, sich in Katzenmanier mit ihrer Zunge zu putzen. Sie putzt den weißen Fleck auf ihrer Brust. Sie sagt mir, dass ich dasselbe tun soll, dass mein Herz rein sein muss, wenn sie mein Begleiter werden soll. Ich verstehe nicht. Katze erinnert mich daran, wie ich andere meide, Situationen meide, in denen ich hervorstechen könnte, und vermeide, aus meinem Herzen zu sprechen, weil das »irritieren« könnte. Ich werde mir meines Schamgefühls und meiner Unzulänglichkeit bewusst. Katze sagt mir, dass ihre Medizin stark ist und dass ich das »Abzeichen« eines reinen Herzens tragen muss, um ihr Vertrauen zu gewinnen.

»Was soll ich tun?« frage ich Katze. Sie sagt mir, dass ich meine Gedanken auf Mut richten soll, wenn es Zeit ist, aus meinem Herzen zu sprechen, dass meine Worte nicht länger unter Schamgefühlen vergraben werden können. Katze sagt mir, dass sie immer an meiner Seite stehen wird. Katze sagt mir, dass ich meine Brust berühren kann, um mich an das schneeweiße Fell von Katzes Brust zu erinnern, und dass ich, wenn ich das tue, wenn es an der Zeit ist zu sprechen, Mut finden und Reinheit erlangen werde, um aus meinem Herzen heraus zu sprechen.

Ich frage Katze, was sie braucht. »Ich brauche einen Ort, um mich niederzulegen.«

Ich stelle mir einen sonnigen Platz neben einem großen Baum vor. Der Platz ist sehr offen und weitläufig, und der Himmel ist hell und voll reiner Luft. Es ist warm. Ich berühre die weiche Erde unter dem Baum und glätte den Platz, damit Katze sich hinlegen kann. Katze läuft zu mir, ihre Beine sind stark und muskulös, ihr Schwanz bewegt sich, und sie nimmt ihren Platz ein, den ich für sie hergerichtet habe. Ich frage Katze, was geschehen soll. Katze sagt, dass sie immer da sein wird, immer, und dass ich sie nicht vergessen soll. Sie streckt ihre Pfote aus und berührt meine Brust, als würde sie sie mit ihrem Pfotenabdruck markieren. Ich lege meine Hand auf Katzes Pfote und danke ihr. Wir verabschieden uns voneinander.

Die Löwin wurde Lisas Medizin-Tier. Außerdem tauchte sie in ihrem Herzen auf, als sie sich später auf eine Reise zu ihren Chakra-Tieren machte, weil die Katze in ihrem Herzen ein Zuhause gefunden hatte. Sie hat viele weitere Reisen mit dieser Löwin unternommen, aber diese erste markiert ihr erstes »Zusammentreffen« und war der Beginn einer Freundschaft, die bis heute besteht, während Lisa zu einer starken und klaren jungen Frau heranwächst, die ohne Scham aus ihrem Herzen spricht.

***

Jeremy ist 39. Er ist ein begabter Heiler und Massagetherapeut, der sehr fasziniert von dem Konzept der Chakra-Reise ist und seine Tiere treffen will. Er hat eine Menge innerer Arbeit gemacht, aber nie eine Innenreise. Ich gebe hier seine Chakra-Reise wieder.

***Wurzelchakra:** Ich sehe einen großen Fisch. Er schwimmt zielgerichtet durchs Meer. Ich habe das Gefühl, dass er blind ist. Ich begrüße ihn und frage: »Kannst du sehen?« Er zeigt mir Schlitze an seiner Körperseite und sagt mir, dass er so die Welt um sich herum wahrnimmt. Er nimmt Informationen in seinen Körper auf. Ich frage ihn, ob er etwas braucht. Er will meine Hände essen. Ich zögere und sage ihm das. Er sagt mir, dass so die Art, wie ich meine Hände zur Heilarbeit nutze, integriert werden kann. Ich weiß, dass es verrückt scheint, aber ich vertraue ihm und lasse es zu. Er sagt mir, ich solle mir die Linien auf meinen Handflächen als Kiemen vorstellen, was mir helfen wird, bei der Arbeit mit anderen zu geben und zu nehmen. Es fühlt sich an, als wäre er ein alter Freund von mir. Das sage ich ihm. Meine Hände sind intakt, obwohl ich ihm erlaubt habe, sie zu »essen«.*

***Sakralchakra:** Ein Leopard sitzt hoch oben in einem Baum. Sein Schwanz ist lang und windet sich in einer Auf- und Ab-Bewegung. Er will, dass ich mit ihm verschmelze. Als ich das tue, spüre ich die Sensibilität des langen Schwanzes. Die Geräusche des Waldes sind laut, beinahe ohrenbetäubend. Ich spüre höchste Stille in meinem Körper. Diese ist verbunden mit dem Gefühl des Leistungsvermögens meiner Muskeln. Ich fühle mich,* *als könnte ich aufschnellen und mich auf etwas stürzen, als könnte ich einen Sprung von einer halben Meile machen! Als ich wieder ich selbst werde, habe ich eine neue Wertschätzung für den Leoparden. Das sage ich ihm. Ich frage ihn, was geschehen soll. Leopard sagt mir, dass ich mir vorstellen soll, ich hätte einen langen anmutigen Schwanz. Er sagt mir, ich solle die Stärke in meinen Beinen und in meinem Körper verfeinern. Leopard sagt mir, dass sein Name Anmut ist. Ich streichle die Länge seines geschmeidigen Körpers, als wir uns verabschieden.*

Solarplexuschakra: *Eine große Elefantendame steht vor mir. Sie hebt zur Begrüßung ihren Rüssel. Ich laufe zu ihr und berühre die ledrige Haut ihres riesigen Beines. Sie wird mich begleiten, wo immer ich hingehe. Sie will, dass ich das Sprechen durch ihren Mund übe. Ich sage ihr, dass ich es versuchen werde. Sie öffnet ihren Mund weit, und ich sehe das rosige Innere ihres Mundes. Ich bin mir bewusst, dass mein Mund dieselbe Farbe hat. Das sage ich ihr. Sie erzählt mir, dass niemand glauben würde, dass sie Angst hat, aber dass in ihr Ängste sind. Ich sehe zwei kleine Elefanten hinter ihr herumspringen. Sie hebt ihren Rüssel und berührt meine Stirn damit. Sie sagt, wir werden uns häufig sehen und die Ängste gemeinsam anschauen. Sie wird mich auch mit den Elefantenjungen spielen lassen. Ich danke ihr für ihre Stärke und Schönheit. Ich sage ihr, dass ich mich darauf freue, sie öfter zu sehen.*

Herzchakra: *Ich sehe einen kleinen Affen mit einer großen roten Blume. Er ist cartoon-ähnlich und sieht ein bisschen aus wie Coco, der neugierige Affe. Ich weiß, dass er schüchtern ist, weil er sich hinter einer Blume versteckt. Er sagt mir, dass er müde ist und sich ausruhen will. Er legt eine Decke über sein Gesicht. Ich bitte ihn, mir mehr über das Ausruhen zu erzählen. Er will, dass ich in jeder Woche einen Tag freinehme, an dem ich keine Klienten sehe, sondern Dinge tue, die ich mag, etwa Angeln, Lesen und mich mit neuen Erkenntnissen beschäftigen. Ich verspüre eine Leichtigkeit, als er mir das sagt. Ich sage ihm, dass ich es versuchen werde. Er schläft jetzt unter seiner gelben Decke. Ich danke ihm trotzdem, als ich mich verabschiede.*

Kehlchakra: *Ich sehe dieses Tier sofort. Es ist Schildkröte. Seine Beine sind sehr stark, und sein Hals ist sehr lang. Ich sage »Hallo.« Schildkröte* *lächelt. Er sagt mir, dass er laufen will, sich bewegen. Er kann stillstehen, aber er ist fest entschlossen, sich zu bewegen. Er will, dass ich mich mit ihm bewege. Ich steige auf seinen Rücken. Wir bewegen uns langsam und schwerfällig, und es fühlt sich richtig für mich an. Ich kann alles sehen und riechen. Ich sehe ein Bild von Musiknoten. Das erzähle ich Schildkröte, und er sagt, dass ich singen soll, während wir uns bewegen. Er schlägt vor, dass ich öfter singen soll, nicht mit Worten, sondern in Tönen und durch Summen. Er bittet mich, dies jetzt zu tun. (Jeremy beginnt damit.) Er sagt, dass dies für den Augenblick alles sei, aber als ich mich verabschiede, sagt er mir, dass sein Name Craig Sänger und er ein Freund der Elefantendame ist, die ich in meinem Solarplexuschakra getroffen habe.*

Stirnchakra: *Hier sehe ich zuerst zwei, dann eine ganze Familie von Zieseln. Sie haben eine große Eichel und sind alle geschäftig und schwatzen. Zwei Ziesel streiten sich um die Eichel. Beide wollen sie haben, nicht um sie zu essen, sondern um sie zu vergraben und für den Winter aufzuheben. Ich begrüße sie und danke ihnen für ihr Auftauchen. Ich sage etwas über die Aktivität, die hier vonstatten geht. Sie sind zu beschäftigt, um zuzuhören, und es fällt mir schwer, ihre Aufmerksamkeit zu erregen. Ein braunes Pferd erscheint. Das Pferd weist darauf hin, dass ich selbst vielleicht auch zu beschäftigt bin, um hinzuhören. Pferd sagt mir, dass ich auf viele Arten hören kann, nicht nur mit meinen Ohren, sondern mit meinem ganzen Körper und mit meinen Sinnen.*

Ich erinnere mich an eine Begebenheit in meiner Kindheit, als ich mit meinem Onkel angeln war. Ich hatte weit ausgeworfen, und kein Fisch hatte bisher angebissen. Dann zeigte mir mein Onkel ein paar wunderschöne Fische, die sich direkt vor uns befanden. Man konnte sie im Wasser sehen. Als ich mich an dieses Vorkommnis erinnere, lässt Pferd mich wissen, dass es möchte, dass ich meine Art, Weisheit zu sammeln, verstehe und erweitere. Er hat mir diese Erinnerung gezeigt, damit ich mich daran erinnere, meine Augen zu öffnen und das zu sehen, was direkt vor mir liegt. Er sagt mir, dass ich meine Hände auf die Eichel legen soll. Er sagt mir, dass ich ernsthaft zuhören soll. Meine Hände bewegen sich, während die Eichel wächst und keimt. Nach kurzer Zeit sind meine Hände um eine wunderschöne Eiche geschlungen, und ich bin erfüllt von Ehrfurcht. Pferd steht neben dem Baum. Pferd und Baum sind Partner. Sie sind mit mir hier. Dies ist genug für den Moment.

Kronenchakra: *Ich spüre das Bild einer goldenen Krone, wie ein König sie tragen würde. Sie ist rund mit Spitzen, die nach oben ragen. Rote Steine strahlen aus ihren Fassungen in der Krone. Ich begrüße die Krone und danke ihr dafür, dass sie sich zeigt. Ich frage sie, ob sie eine Botschaft für mich hat. Ich höre: »Du hast königliches Blut.« Ich verstehe sie nicht und teile ihr das mit. Ich verspüre die Worte: »Du hast Gaben. Sie sind dein Erbe. Sie wurden dir von jenen gegeben, die vor dir hier waren. Lerne sie kennen. Fürchte sie nicht.« Die sprechende Krone beginnt zu verblassen. Sie sagt mir, dass ich sie bald tragen kann.*

Transpersonalchakra: *Ein Vogel ist in der Luft. Seine Flügelspanne ist gewaltig. Ich fühle, dass ich auf seinem Rücken sitze, direkt hinter seinem Kopf. Ich blicke auf die Erde, die sich weit unten befindet, und sehe den Schatten, den wir auf sie werfen, während wir über sie hinwegfliegen. Die Erde sieht so grün aus von hier oben. Das Wasser scheint silbern und rein. Alles erglänzt in reiner Schönheit. Ich verspüre eine tiefe Traurigkeit darüber, dass die Erde vom heutigen Menschen so sehr verändert wurde. Das erzähle ich Vogel. Er antwortet nicht, aber ich weiß, dass das, was ich sehe, die wahre Herrlichkeit der Schöpfung ist. Ich frage Vogel, was er braucht. Wieder antwortet er nicht, aber ich spüre, dass es meine Hand zu seinem Hals zieht, die Federn sind weich und braun. Ich höre, wie er ein lautes Pfeifen von sich gibt und spüre die Vibration an Vogels Kehle, die sich unter meinen Fingern befindet. Ich erinnere mich an eine indianische Lehre, nach der man danach strebt, ein hohles Pfeifen zu sein, durch welches der Atem des Schöpfers wehen kann. Als ich daran denke, fühle ich mich selbst hohl wie eine Flöte, und ich fühle, wie Gottes Liebe in und durch mich strömt. Ich weiß, dass es Zeit ist zu gehen. Ich verabschiede mich von diesem herrlichen Vogel und spüre, wie ich wieder auf dem Boden bin und zu den weitgespannten Flügeln des Vogels aufblicke. Ich winke. Wieder höre ich den schrillen Ruf, den Schrei des Vogels, der mir antwortet.*

Jeremy traf sich später mit allen seinen Tieren zu einem Rat, der unter der großen Eiche abgehalten wurde. Alle waren da. Der große Fisch schwamm in einem tiefen See neben der Erde, in welcher der Baum wuchs, der große

Vogel flog darüber hin. In der Versammlung ließen die Tiere Jeremy wissen, dass sie tiefe Fürsorge für ihn empfanden und wollten, dass er wisse, dass seine Gaben ihn einzigartig machten. Der Affe in seinem Herzen erhielt von allen anderen Tieren Zuspruch, Unterstützung und Zuneigung und wurde während der Versammlung offiziell in den Rat aufgenommen.

Jeremy erzählte mir später, dass er sich weiterhin mit seinen Tieren trifft und seine Arbeit mit den Tieren ihm geholfen hat, sein wahres Selbst und seine einzigartigen Heilungsfähigkeiten anzunehmen. Er sprach davon, wie sehr er von der Anerkennung anderer abhängig gewesen sei, immer in Sorge, dass jemand ihn komisch finden könnte. Er spürte, dass diese Tiere ihm geholfen haben, sich selbst zu erkennen, zu lieben, zu respektieren und zu akzeptieren, so wie er wirklich ist.

Deine Tier-Reise

- ✦ Schütze den Raum. Bete.
- ✦ Beruhige deinen Geist, entspanne deinen Körper. (Erde-Luft-Atem-Körper)
- ✦ Richte deine Aufmerksamkeit auf dein Vorhaben. Wenn du eine Chakra-Reise machen möchtest, richte deine Aufmerksamkeit auf den entsprechenden Ort in deinem Körper. Wenn du ein Tier treffen möchtest, welches eine Eigenschaft verkörpert (wie Freundschaft oder Führungskraft) konzentriere dich auf diese Eigenschaft. Wenn du ein Totemtier treffen willst, konzentriere dich darauf.
- ✦ Rufe nach innen, bitte das Tier, sich zu zeigen.
- ✦ Beginne die Unterhaltung indem du die fünf wesentlichen Zutaten nutzt:
  - Begrüße das Tier. Danke ihm für sein Kommen.
  - Frage das Tier, ob es eine Botschaft für dich hat oder ob es dir etwas zeigen oder sagen möchte.
  - Frage das Tier, ob es etwas von dir braucht.
  - Was muss noch geschehen? (Optional: Gibt es noch etwas, das geschehen kann, um eure Freundschaft zu vertiefen?)
  - Danke dem Tier für sein Kommen und verabschiede dich.
- ✦ Nimm dir Zeit für den Übergang in die Außenwelt. (Atem-Körper-Erde-Himmel)
- ✦ Schreibe deine Reise auf.
- ✦ Finde einen Weg, deine Reise in dein Leben zu integrieren, so dass du Aspekte der Innenwelt mit in die Außenwelt bringen kannst.

Kapitel 15

Das Herz

Dein Herz ist das Schlüsselorgan deines Körpers; aktiv von dem Augenblick an, in dem dein Leben beginnt, lässt es das Blut kreisen, um alle Zellen in deinem Körper zu erhalten und zu nähren. Es ist das Behältnis, durch das das Lebensblut deines Körpers erfrischt und in Umlauf gebracht wird. Dein Herz nutzt Elektrizität, um sein Schlagen zu synchronisieren. Durch diesen Prozess des synchronisierten Gebens und Erhaltens (Pumpen), breitet sich dein Herz aus und gibt den Rhythmus deines übrigen Körpers vor. Dies ist das physische Tun deines Herzens. Neben dieser physischen Handlung gibt es eine geheimnisvolle, gewaltige innere Fähigkeit. Das Herz ist der Ort, an dem Liebe gehalten und von dem aus Liebe gegeben wird. Hier im Herzen können wir diejenigen halten, die wir lieben, selbst wenn sie weit weg oder körperlich nicht mehr bei uns sind. Unsere Herzen kennen Freude und Leid. Unsere Herzen sind heilige Gefäße in uns, in denen wir Gefühle, Erinnerungen, Wünsche und Träume bewahren und wo wir Zugang zu ihnen bekommen können. Unsere Herzen kennen Dinge und haben Wissen, welches sie teilen, wenn wir nur zuhören.

Das Herz befindet sich in der Mitte des Körpers, wo es den physischen Teil deiner Existenz mit den Tiefen deines Seins verbindet. Dein Herz will sich dir enthüllen, wenn du es erlaubst. Dein Herz ist wie kein anderes.

Eine Volksweisheit besagt, dass etwas »von Herzen kommen« muss, um wahrhaftig zu sein. Diese Verbindung mit dem Herzen macht den großen Unterschied. Die Bewegung deines Bewusstseins zum Herzen hin kann die Energie einer Unterhaltung, eines Projektes, einer Aufgabe, eines Gebets oder eines Tages in deinem Leben verändern. Es kann die Grenzen der Zeit aufheben. Es kann das Leben mit neuer Frische durchdringen, kann die »Batterien wieder aufladen«. Dein Herz ist immer da, und doch werden die Gaben der Herzensenergie stärker, wenn du deinem Herzen bewusst Aufmerksamkeit schenkst. Das gesprochene Wort wird anders gehört und wahrgenommen werden, wenn eine Person bewusst »aus dem Herzen« spricht.

Mit seiner unerschütterlichen Anwesenheit erinnert dich dein Herz daran, dass es Kräfte gibt, die immer da sind, selbst wenn deine Aufmerksamkeit auf etwas anderes gerichtet ist. Sein Schlagen dauert an. Alles, was du tun musst, um daran erinnert zu werden, ist, deine Hand an dein Herz zu legen. Du wirst den Herzschlag spüren. Du wirst ihn hören, wenn du leise bist. Er ist ein konstantes Signal, das aus deinem inneren Kern kommt.

Unsere Herzen werden auf viele Arten und von vielen Dingen berührt. Musik, Kunst, Empfindungen, Schönheit, Geschichten, Erfahrungen… dies alles kann dich deinem Herzen näherbringen. Auf das Herz gerichtete Aufmerksamkeit verstärkt alle deine Aktivitäten, aber dein Herz bietet noch weitaus mehr, als die Gaben herz-lichen Bewusstseins. Als Mensch hast du die Möglichkeit, dein Herz kennenzulernen. In den tiefen Kammern deines Herzens wird Geben und Nehmen möglich, wenn du mit Respekt und Aufmerksamkeit vollkommen gegenwärtig bist. Innenreisen sind eine kraftvolle und wichtige Art, um dieses Geben und Nehmen stattfinden zu lassen.

Durch das Geschenk der Innenwelt bin ich den Bewegungen meines eigenen Herzens nahe und habe anderen dabei geholfen, eine innigere Beziehung zu ihren Herzen aufzubauen. Dir, dem Leser, wünsche ich gesegnete Herzreisen, die vor dir liegen. Die Vorgehensweise ist einfach. Versuche, nicht den Mut zu verlieren, wenn du die Aufmerksamkeit während der Reise verlierst. Kehre mit Geduld und Mitgefühl für dich selbst zurück zu ihr. Die Reise ist da und wartet auf dich. Das »Rezept« wird dich führen, während du nach innen schaust.

Die Herzreise

Bereite dich und deinen Raum auf die Reise vor. Bete auf deine eigene Weise. Erlaube deiner Aufmerksamkeit, sich auf dein Herz zu richten, während du dich bewusst mit deinem Atem und deinem Körper verbindest, mit der Luft und mit der Erde. Spüre, wie sich dein Sinn sanft auf dein Herz richtet. Richte dich an dein Inneres, bitte ein Bild aus deinem Herzen, sich zu zeigen. Begrüße es, danke ihm für sein Erscheinen und trete mit ihm in Dialog. »Was möchtest du mir zeigen oder sagen?« »Was brauchst du?« »Was soll geschehen?« Schreibe deinen Reisebericht. Ehre die Reise. Lebe mit ihr. Gib ihr in deinem Leben Raum.

Es gibt so viele Arten, mit dem Herzen zu arbeiten wie Sterne am Himmel. Du kannst dich eingehend mit Liebe und Schmerz befassen, mit Gesundheit und Krankheit, mit Freiheit und Einschränkung. Dein Herz wird seine eigenen Vorstellungen davon haben, wohin es dich führen möchte. Sei geduldig. Besuche es häufig. Wenn du eine starke Reise erlebst, kann es gut tun, das Bild aus deinem Herzen »atmen« zu lassen und es nicht durch unmittelbar folgende Reisen zu verdrängen. Ein vernachlässigtes Herz kann zu Krankheit führen. Dies ist eine anerkannte Tatsache. Weniger bekannt ist, dass dein Herz, wenn du es besuchst, seine Gaben mit dir teilen wird. Es wird dich dein ganzes Leben lang von ganzem Herzen unterstützen.

Meine eigene Herzreise

Die erste Innenreise, die ich je gemacht habe, war eine Herzreise. Der Mann, der bald darauf mein Lehrer sein würde, leitete einen Workshop, welcher von einer Art der Körperarbeit handelte, in der Tierbilder eingeladen werden, sich aus den Chakren oder Energiezentren des Körpers (siehe vorheriges Kapitel) heraus zu zeigen. Eines dieser Energiezentren ist das Herz, und das war es, mit dem er begann.

Viele Menschen saßen in einem Kreis. Wir wurden aufgefordert, uns auf unsere Herzen zu konzentrieren. Er bat uns, ein Bild aus unserem Herzen zu rufen. Was ich von meinem eigenen Herzen zu hören bekommen sollte, handelte von Wahrheit und Heilung. Es bezog sich direkt darauf, wer ich bin. Die anderen in diesem Kreis hörten Botschaften, die zu ihnen als Individuum passten. Viele Reisen drehten sich um Liebe, Geduld, Vertrauen, alte Verletzungen und um tiefinneren Trost. Eine große Bandbreite verschiedenster Themen obliegt dem Herzen. Hier ist die Geschichte meiner ersten Reise.

Alles schien ein bisschen verschwommen hinter meinen geschlossenen Augen. Ich dachte, ich sähe ein Augenpaar. Schließlich sah ich einen Hummer. Seine Scheren waren, wie in einem Restaurant, mit einem blauen Gummiband verschnürt, was ihn beeinträchtigte. Er schien ein bisschen krank zu sein. Als ich zu einem Dialog mit Hummer angeleitet wurde (dies war meine erste Erfahrung mit der Dialogformel, welche ich als »das Rezept« mit dir teile), *erfuhr ich von Hummer, dass er krank war, dass er beinahe an etwas erstickte und wollte, dass ich es aus ihm herauszog. Ein kleines Stück von etwas, das wie Packband aussah, ragte aus seinem Mund. Ich begann, daran zu ziehen, und es kam heraus. Ich zog und zog riesige Haufen davon heraus, mehr, als jemals in den Hummer hineingepasst hätte. Es kam immer mehr, während ich zog. Schließlich war ich fertig. Ich fragte ihn, was es war. Er sagte mir, es sei alles das gewesen, was ich jemals gelesen, beigebracht bekommen oder als Wahrheit verkauft bekommen hatte. Es war alles, was mir jemals »eingetrichtert« worden war. Es machte mich krank. Er teilte mir mit, dass ich allmählich zu meiner eigenen Wahrheit vorstieß und dass all diese Information von anderen etwas Lebendiges in mir blockierte. Er begann zu wachsen, seine Farbe wurde tiefer und seine Augen strahlender. Ich bemerkte, dass das Gummi ihn nicht länger fesselte. Er sah gesünder aus. Ich dankte ihm und verabschiedete mich.*

Als ich meine Augen öffnete, schien mir all das ziemlich unwirklich, und doch war ein Licht in mir, so, als hätte eine große Reinigung stattgefunden. Von diesem Zeitpunkt an beschloss ich, Lehren in meinem Inneren abzuwägen. In mancherlei Hinsicht mag dies gefährlich scheinen, aber das ist es, was mich schließlich befreit hat.

Meine erste Reise hat mich auf all die nachfolgenden vorbereitet. Mein Herz hat mir gezeigt, dass ich meine eigene Wahrheit in mir finden kann und dass das Annehmen von Wahrheiten, die nicht meine eigenen sind, mir schaden kann. Mein Herz-Tier hat sich seit dieser Zeit oft gewandelt, und der Weg, den das Herz nimmt, ist nicht immer einfach... aber er ist unvergleichlich. Mein Herz hat sich mir seit dieser ersten Reise auf so viele Arten mitgeteilt. Es hat meinem Leben Geschmack, Klang, Farbe und Duft verliehen, wie ich es mir nie hätte träumen lassen.

Klopft an die eigne Brust. Fragt euer Herz, was es wohl wisse.

William Shakespeare, *Maß für Maß*

Deine Herzreise

- ✦ Schütze den Raum. Bete.
- ✦ Beruhige deinen Geist, entspanne deinen Körper. (Erde-Luft-Atem-Körper)
- ✦ Richte deinen Fokus sanft auf die Region deines Herzens.
- ✦ Bitte dein Herz, als ein Bild zu dir zu kommen.
- ✦ Tritt mit ihm in Dialog, indem du die fünf wesentlichen Zutaten benutzt.
  - Begrüße das Bild. Danke ihm für sein Kommen.
  - Frage das Bild, ob es eine Botschaft für dich hat.
  - Frage das Bild, ob es irgendetwas braucht.
  - Frage, ob noch irgendetwas geschehen muss. (Optional kannst du fragen, ob es etwas gibt, was eure Verbindung vertiefen kann. Vielleicht möchte es, dass du mit ihm verschmilzt? Frage es.)
  - Danke dem Bild für sein Kommen. Verabschiede dich auf die Weise, die euch beiden richtig erscheint.
- ✦ Kehre in die physische Außenwelt zurück. (Atem-Körper-Erde-Luft)
- ✦ Schreibe deine Reise auf.
- ✦ Integriere deine Reise, um sie in dein tägliches Leben mitzunehmen.

Kapitel 16

Der Garten der Seele

Innenreisen können genutzt werden, um etwas zu ermöglichen, das unsichtbar ist. Mit dem Bild eines Gartens zu arbeiten, ist ein wunderbares Beispiel dafür.

Seit Jahrhunderten sind Gärten Orte, an denen Gott und Mensch sich begegnen. Gärten sind kultivierter Raum. Sie werden von Menschenhand geschaffen und gepflegt, sind aber gänzlich abhängig vom Wunder des unsichtbaren Lebens im Samenkorn, des nährenden Bodens, in welchem es wurzelt, der Beschaffenheit der Luft und des Wetters und des Mysteriums, welches dem Leben ermöglicht, sich zu entfalten und seine Kreisläufe zu durchlaufen. Jeder Garten ist ein einzigartiger Ausdruck. Ein Garten ist eine Kombination von dem, was in ihm wächst, dem Ort, an dem er angelegt wurde, der Art, wie er angelegt ist und wie er versorgt und gepflegt wird, und von dem, wie der Garten selbst mit der Lebenskraft interagiert und sie ausdrückt.

Diese Mischung aus Mensch und Natur, die als Garten bekannt ist, kann ein Abbild des Ortes in dir werden, an dem dein individuelles Leben sich mit dem großen Mysterium des Lebens verbindet. Das Bild eines Gartens hervorzurufen, kann ein diskreter Schritt zu einem Blick in die Seele sein und zu einer Verbindung mit jenem Bereich, welcher sich eines klaren Umrisses und einer Festlegung verweigert. Sobald das Bild für dich klar sichtbar ist, wird der innere Garten zu einem Ort, an dem du in deiner Seele ruhen kannst. Er ist mehr als nur ein besonderer Ort. Er ist der Ort, der mit der Essenz deines Seins erfüllt und von Gottes Gegenwart durchdrungen ist.

Der gewöhnliche Ablauf für das Anlegen eines Gartens beinhaltet die Überlegung, was du gerne wachsen lassen würdest (für die Schönheit, zum Essen oder für medizinische Zwecke), wie du die Gewächse anordnen möchtest und welche Elemente du gerne einfügen willst (Pfade, Tore, Statuen, Teiche, Glocken, Bänke und so weiter…). Unter den Möglichkeiten sind auch Faktoren, die das Ambiente betreffen, wie Farbe und Design, Zäune oder Pflanzen, die andere Lebewesen anziehen. Wenn du einen Garten planst, machst du ihn zum Ausdruck deiner Persönlichkeit, indem du die Aspekte verwirklichst, die dir am wichtigsten und angenehmsten sind. Du überlegst dir auch die Region, in der der Garten sein wird, das Klima dort, die Bodenbeschaffenheit, die verfügbaren Lichtquellen. Gegebenheiten der Realität vermischen sich mit dem inneren Antrieb, während du dem Garten Gestalt gibst, die Anpflanzung bestimmst und die Pflanzen und den Ort, an dem der Garten sein soll, auswählst.

Dies ist eine Übung, durch die du deine Seele betrachtest, indem du dir einen Garten vorstellst. Der Blick nach innen ermöglicht es dem Garten, sich dir zu enthüllen. Du planst ihn nicht. Du schaust, was dort ist. Die innere Essenz enthüllt sich durch das innere Bild, welches sich dir durch die Imagination darbietet. Anstatt einen Gartenraum zu erschaffen, der die Eigenschaften repräsentiert, die du liebst, lässt du die Seele sich selbst auf ihre eigene Art enthüllen: durch die Metapher eines Gartens. In diesem Garten kannst du eine Vorstellung davon bekommen, was auf dieser Ebene in dir selbst vorgeht. Du kannst dich dort ausruhen und den Duft deiner Seele atmen.

Die Reise in den Garten

Diese Art der Innenreise hat häufig keine Dialoge. Es ist ein Fragen und Schauen. Das eher formale Muster der fünf essentiellen Zutaten im »Rezept« ist hier nicht anwendbar, da es keinen Dialog gibt. Du wirst ein Besucher in deinem eigenen Garten. Wie bei anderen Arten der Innenreise sind die vorausgehenden Schritte wichtig. Schütze den Raum. Bete. Beruhige den Geist. Entspanne den Körper. Bitte das Bild, sich zu zeigen.

Ich behandle den Garten in meiner Vorstellung gerne wie einen wirklichen Garten, nehme mir Zeit, umherzuwandern und zu beobachten, erforsche die unterschiedlichen Elemente, die dort vorhanden sind, nehme die Gerüche und Farben in mir auf, die unterschiedlichen Gartenflächen… mit anderen Worten: Ich mache einen Rundgang! Lasse diesen Rundgang so lange dauern, wie du gerne möchtest.

Nimm dir die Zeit und den Raum, um eine Vorstellung von der Größe, der Unterschiedlichkeit des anwesenden Lebens dort und der Gebiete, die deine besondere Aufmerksamkeit auf sich ziehen, zu gewinnen. Finde heraus, was dort wächst, welche Farben dich umgeben und welche Geräusche an dein Ohr gelangen. Siehst oder spürst du jahreszeitliche Zyklen (Knospe, Blüte, Samen und Frucht)? Zieht dich irgendetwas am Erdboden oder in der Luft an? Gibt es Flächen, die der Pflege bedürfen? Sind andere Lebensformen anwesend? Sei dir dessen bewusst, wie du dich fühlst. Finde einen Ort, der sich richtig für eine Pause anfühlt, einen Ort, der dich einlädt, dich zu entspannen. Atme die Luft deines Gartens. Scheint dieser Ort dir eine Botschaft zu senden? Verbringe so viel Zeit, wie du möchtest, in deinem inneren Garten, gib allem Raum, was dort geschehen soll. Wenn du bereit bist zu gehen, drücke deine Dankbarkeit auf eine Art aus, die sich angemessen anfühlt. Beginne, dein Bewusstsein zurück auf die äußere Welt zu richten, indem du deine Aufmerksamkeit auf deine Atmung und den Boden unter dir richtest. Nimm dir deine Zeit. Wenn du völlig präsent bist und all deine physischen Sinne einsatzbereit für die Außenwelt sind, nimm dir etwas Zeit, die Einzelheiten deiner Reise zu notieren, oder halte ein Gewahrsein deines Besuches auf eine andere Art in der äußeren Welt fest.

Wenn du auf deinen Innenreisen gemerkt hast, dass deine Seele Fürsorge braucht, ist es vielleicht hilfreich für dich, etwas zu tun, das deine Seele nährt. Das kann eine Zeit der Stille sein oder Einfachheit, Lachen, Rituale an mystischen Orten, etwas Schöpferisches, Tagebuchschreiben, Freizeit, Gebet und Herzensverbindung mit der Natur und mit anderen.

Gib deinem Garten die Nahrung, die er braucht, und kehre so oft zu ihm zurück, wie du möchtest. Dieser innere Garten ist immer da und bietet dir seine reine Luft und seine einzigartige Energie.

Erfahrungsberichte von Gartenreisen

Als ich anfing, mit Gartenreisen zu arbeiten, war ich fasziniert davon, was in meinem inneren Garten alles zu sehen war. *Der Garten erstreckte sich in alle Richtungen soweit das Auge reichte. Unterschiedlichste Pflanzen wuchsen dort in allen unterschiedlichen Wachstumsphasen. Ich erinnere mich ganz besonders an Sonnenblumen, Veilchen, Eibisch, Enzian, Getreide, Rosen, Süßkartoffeln, Geißblatt und Gräser aller Art. Ich erinnere mich, wie ich dachte, dass dieser Garten genügend Nahrung und Schönheit besaß, um viele zu ernähren. Ich fühlte mich wahrhaft demütig angesichts der überwältigenden Schönheit dessen, was ich sah.* Die Vision meines inneren Gartens hat großen Anteil daran, dass ich dieses Buch geschrieben habe. Ich wollte die Schönheit und Kraft dieser Arbeit mit anderen teilen, und die Bilder meines Gartens versicherten mich der Fülle und zeigten mir, dass ich genug zu teilen hatte.

Ich biete diese Seelengartenreisen auch für Gruppen an und bin immer erstaunt und erfreut von der Einzigartigkeit der Bilder und davon, wie sehr sie mit der Person in Resonanz gehen, von der sie stammen. Ich teile hier Geschichten verschiedener Gruppenmitglieder, die ihre Seelengärten besucht haben.

***

Celia ist 65. Sie gärtnert nicht und spürt auch keinen besonderen Bezug zu Gartenarbeit, aber sie genießt Gärten. Sie ist Krankenschwester und Harfnerin. Hier ist ihre Reise:

Als ich meinen Garten betrete, finde ich ein riesiges Gebiet voller wilder Mohnblumen und einen Fluss mit einem Wasserfall vor. Violette Berge erheben sich majestätisch in der Ferne. Alles ist sehr grün. Die Luft ist strahlend und rein. Als ich mich auf Steine im Garten setze, fliegt ein Reiher neben mir auf. Er scheint zu sagen: »Schau dich an! Du kannst deine Flügel ausbreiten und fliegen!«

Celia beschreibt diese Erfahrung als einen Moment »der Einheit und des Einklangs«. Sie kehrte von der Reise mit dem Gefühl von Freiheit, Abgeschiedenheit und Ruhe zurück.

***

Colleen ist 45. Sie ist in einer strengen deutschstämmigen Familie aufgewachsen und arbeitet als Grundschullehrerin. Ihre Gartenreise:

Ich sehe einen rechteckig angelegten Garten mit einem Gartenhäuschen. Sonnenhut und wilde Möhren wachsen hier. Ein Teil des Gartens ist wild und zugewachsen, und Kaninchen lieben ihn. Eine lange grüne Schlange ist hier zu Hause, und kleine weiße Schmetterlinge fliegen durch die Luft. All dies wird begleitet vom Zirpen der Zikaden. Sehr gepflegter Rasen umgibt dieses wilde Gebiet. Im Umkreis um das grüne Gras stehen riesige Laubbäume mit kahlen Ästen. Vögel singen. Als ich mich niederlasse, fliegt eine große weiße Eule herbei und landet auf der Gartenhütte.

Colleen beschreibt diese Reise als Sinnbild für ihr »wildes Herz«, welches von säuberlichem Rasen umgeben war, der für die Art, wie sie aufgewachsen ist, steht. Die Bäume schienen abzubilden, wie sie sich selbst nach außen darstellt. Sie verließ die Reise mit dem Gefühl, dass Veränderungen an diesem Ort in Gottes Hand liegen und Sterbliche wenig Kontrolle darüber hätten, was sich dort manifestieren würde.

***

Joan ist eine begabte Körpertherapeutin in ihren Mittvierzigern. Ihre Fähigkeiten und ihre Reputation als Heilerin wachsen täglich. Hier ist ihre Gartenreise:

Dies ist ein formaler Garten. Ich sehe einen atemberaubenden Pfau über einen gepflegten Rasen stolzieren. Eine große Villa mit Hecken auf beiden Seiten liegt vor mir. Auf der rechten Seite sehe ich ein Heckenlabyrinth, welches ich von oben sehe. Ich erblicke einen langen Swimmingpool, in dem ich schwimme! Elegant gekleidete Menschen trinken Wein. Auf der linken Seite sehe ich ein verrostetes altes Tor. Alles scheint tot und grau, und die Villa sieht verwunschen aus. Ich frage: »Warum bin ich hier?« Ich sehe mich selbst in weißen Schuhen, mit weißen Handschuhen. Ich berühre den Boden, und an den Stellen, an denen meine Hand die Erde berührt, erwachen Sonnenblumen zum Leben. Das Haus verwandelt sich in eine schöne weiße Villa. Ich sehe meinen Vater aus der Villa heraustreten. Er kommt und setzt sich zu mir. Ich mag diesen Ort nicht verlassen.

Joan beschreibt ihr Gefühl während der Reise als eines der tiefsten Zufriedenheit. Ihr Vater war fünf Jahre zuvor gestorben. Sie führten keine Unterhaltung, sondern saßen während der Reise einfach in

Gegenwart des anderen beisammen. Der Garten in Joans Seele hat ihr dieses Geschenk gebracht. Das Bild der magischen Hände, die Dinge zum Leben erwecken, scheint angemessen und grundlegend im Hinblick auf ihren Heilberuf und die Gabe ihrer heilenden Hände, die sie anderen als Massagetherapeutin zukommen lässt.

Deine Reise in den Seelengarten

- ✦ Schütze den Raum. Bete.
- ✦ Beruhige deinen Geist, entspanne deinen Körper. (Erde-Luft-Atem-Körper)
- ✦ Bitte das Bild deines Seelengartens, sich dir zu zeigen.
- ✦ Mache einen Rundgang in deinem Seelengarten. – Wandere, beobachte, nimm die Gerüche, die Farben und die Geräusche in dir auf.
- ✦ Beobachte deine Umgebung:
  - Mache dich mit der Größe des Gartens bekannt.
  - Nimm die Art und Unterschiedlichkeit der Pflanzen, die Jahreszeit und ihr Wesen wahr.
  - Schaue, ob du Bereiche findest, die der Pflege bedürfen.
  - Sind andere Lebensformen anwesend? (Es kann sein, dass du mit diesen in den Dialog treten kannst, indem du die fünf wesentlichen Zutaten nutzt.)
- ✦ Nimm wahr, wie du dich in deinem Seelengarten fühlst.
- ✦ Finde einen Ort, an dem du zur Ruhe kommen und »sein« kannst. Einen Ort, an dem du die Energie deines Seelengartens in dich aufnehmen kannst.
- ✦ Hat dieser Ort eine Botschaft für dich?
- ✦ Soll irgendetwas geschehen, während du hier bist?
- ✦ Braucht der Garten Pflege irgendeiner Art? Kann diese jetzt stattfinden?
- ✦ Drücke deinem Garten gegenüber deine Dankbarkeit aus und verabschiede dich auf eine Art, die sich angemessen und gut für dich anfühlt.
- ✦ Nimm dir Zeit, den Übergang zur Außenwelt zu machen. (Atem-Körper-Erde-Himmel)
- ✦ Halte die Erinnerungen an deinen Seelengarten fest.
- ✦ Kehre häufig dorthin zurück. Stelle Veränderungen fest und sieh, was gleich bleibt. Bringe Erinnerungen an deinen inneren Garten in deine Außenwelt.

Sich mit seinen Sorgen befassen

Kapitel 17

Arbeiten mit Problemen und Fragen

Als Menschen müssen wir immer wieder Entscheidungen treffen. Wir suchen auf viele verschiedene Arten Rat, um die »richtige« Entscheidung zu treffen. Üblicherweise suchen wir im Außen bei verschiedenen Quellen Rat. Dies kann unter anderem das Befragen von Freunden, Bekannten oder Fachleuten sein. Manchmal wird auch ein professioneller Berater konsultiert. Viele Menschen wenden sich nach innen, beispielsweise durch Gebet und Kontemplation, wenn es darum geht, Entscheidungen zu treffen. Die persönliche Art im Sammeln der benötigten Informationen, die man braucht, um eine Entscheidung zu treffen, variiert. Manche Menschen werden sich stärker zu der einen Herangehensweise als zu der anderen hingezogen fühlen. Für gefühlsbetonte Menschen wird eine Entscheidung häufig klar, nachdem sie einen Weg ausgewählt haben und dann »spüren«, ob dies die Entscheidung war, die sie treffen wollten, oder nicht. Für die kopflastigen Menschen spielen der gesunde Menschenverstand und die Zweckmäßigkeit die Hauptrolle bei der Entscheidungsfindung. Für diejenigen, die sich auf ihre Sinne verlassen, wird vermutlich ein »Bauchgefühl« die Entscheidung lenken. Die meisten von uns nutzen eine Kombination dieser Eigenschaften, die uns bei der Entscheidungsfindung helfen. Imagination bietet einen anderen Weg des Wissens. Die Erforschung mit Hilfe der Imagination ist ein sicherer Weg, das innere Wissen in den dynamischen Prozess der Findung von Lebensentscheidungen einzubeziehen und mit bestimmten Themen und Fragen zu arbeiten.

Ich liebe den Ausdruck »seine Kräfte sammeln«. Er legt nahe, alle deine Helfer um eine bestimmte Frage, ein Thema oder eine Situation zu versammeln. Der Ausdruck erinnert an eine Versammlung, in der jede Stimme gehört wird und bei der jeder Teilnehmer durch sein individuelles Wissen etwas beitragen kann. Die Hilfe aus der inneren Welt ist für das physische Auge nicht sichtbar, aber trotzdem sehr kraftvoll und effektiv. Das im Außen Gesammelte mit der Information aus dem Innern in Einklang zu bringen, darauf kommt es an. Dein tiefstes Selbst hat Wissen, das es mit dir teilen kann. Dies kann es tun, indem es sich durch ein Bild eine Gestalt gibt. Die Helfer in deinem inneren Reich sind Repräsentanten deines inneren Wissens oder Symbole dafür. Wenn du deine »Kräfte sammelst«, kannst du die innere Arbeit dazu nutzen, das Wissen und die Informationen, die du im Außen erworben hast, abzugleichen und zu vervollständigen. Diese innere Rücksprache wird dir helfen, dich mit deinem Rhythmus in Übereinstimmung zu bringen, so dass die Entscheidungen, die du triffst, und die Art, wie du dich Problemen und Fragen näherst, dein wahres und ganzes Selbst unterstützen und dich der Wahrheit deiner Natur näherbringen.

Wie man mit Innenreisen Probleme und Fragen bearbeitet

Nimm dir etwas Zeit vor der Reise, um Gedanken zu sammeln, die das Thema deiner Nachforschungen betreffen. Angenommen, du erwägst einen Umzug in eine andere Stadt. Du willst zusammenstellen, was du bereits über diesen Schritt weißt. Wenn auch nicht notwendig, so können Stift und Papier für die gedankliche Vorbereitung hilfreich sein. Du kannst aufschreiben, was du bereits weißt, was andere dir gesagt haben, was du von außen erfahren hast, das Für und Wider, deine Gefühle in Bezug auf das Thema und Faktoren, die deine Entscheidung beeinflussen. Das Sammeln von Informationen aus dem Außen hilft, den Weg für die innere Arbeit zu bereiten.

Ich habe bereits über den besonderen Ort und den inneren Freund oder Berater gesprochen. Auch sie sind hilfreiche Werkzeuge, wenn man mit bestimmten Themen oder Fragen arbeitet. Der besondere Ort hilft, dich mit der inneren Welt zu verbinden, und wird zum inneren

Bereich, in dem sich die Reise entfaltet. Wenn du die Hilfe des inneren Freundes hinzuziehst, hast du einen Begleiter auf deiner Reise, der dich führen kann, wenn du dir unsicher bist, wie es weitergehen soll, wenn du feststeckst oder Angst bekommst. Ich denke gerne an die Einbeziehung von Gebeten auf beiden Seiten der Reise, im Außen und im Innen. Gebet stärkt das Vertrauen und den Schutz bei deiner inneren Arbeit. Das erweitert die Möglichkeiten, wenn sich die Reise entfaltet. So bist du bereit zu reisen. Du hast den Ort vorbereitet und deinen Geist und Körper zur Ruhe gebracht. Denke nun an deine Frage oder dein Thema. Experimentiere damit, es nur flüchtig im Bewusstsein zu halten und bewusst den Raum für die Einsicht zu öffnen. Beginne, indem du dir deinen besonderen Ort vorstellst. Dies mag ein Ort sein, der sich speziell um die Frage oder das Thema dreht, mit dem du arbeitest, oder auch ein dir bereits bekannter Ort, den du schon öfter besucht hast. Spüre dich selbst an diesem Ort. Mache dich dort bekannt, während du deine inneren Sinne auf die innere Welt richtest. Wenn du bereit bist, bitte deinen inneren Freund oder Berater, dich zu begleiten. Lade ihn ein, sich zu zeigen.

Du hast die Frage oder das Thema bereits festgelegt. Die Bilder, die sich auf deiner Reise zeigen, werden damit zu tun haben, auch wenn es nicht so scheint. Der innere Freund, der sich dir zeigt, kann ein dir bereits bekannter sein oder ein Wesen, welches du bisher noch nicht getroffen hast. Nimm dir etwas Zeit, um den Ort und den Freund, die zu dir gekommen sind, kennenzulernen. Nutze die fünf wesentlichen Zutaten. Wenn du das Gefühl hast, an dem Ort Fuß gefasst zu haben, bitte deinen inneren Freund, bei dir zu bleiben, während du das Thema deiner Innenreise näher betrachtest. Wenn du dich in der inneren Welt wohlfühlst, kann es sein, dass die fünf Schritte (bei dem besonderen Ort und dem inneren Freund) übergangen werden können und du einfach fortfährst, ein Bild hervorzurufen. Deine Art der Annäherung an die Innenwelt ist deine Wahl. Wenn wir an das Beispiel der Entscheidungsfindung denken, das vom Umziehen in eine andere Stadt handelt, könntest du nun ein Bild rufen, welches den bevorstehenden Umzug repräsentiert. Du kannst deine Fragestellung so formulieren, wie du sie brauchst. Bitte die Frage oder das Thema, sich in Form eines Bildes zu zeigen. Sei geduldig, bis sich das Bild enthüllt. Erinnere dich daran, dass dieses Thema oder diese Frage eine Form annehmen kann, die für dein Denken Sinn ergibt, oder eine, die dir völlig überraschend und seltsam erscheint. Es kann ein einzelnes Bild oder genauso gut eine ganze Abenteuerreise sein. Beobachte das Bild, nimm teil am Abenteuer. Lerne es kennen. Und lasse Respekt, Gastfreundschaft und die fünf wesentlichen Zutaten deine Richtlinie sein. Was bemerkst du? Vermittelt das Bild eine Botschaft? Was will es dir sagen oder zeigen? Was braucht es? Was soll geschehen? Bleibe im Geschehen. Stelle Fragen. Antworte auf die Bilder, die sich dir enthüllen. Stelle ihnen deine Fragen. Sage den Bildern, wie du dich fühlst. Dein innerer Freund ist für dich da, wenn du Hilfe brauchst. Nimm aus der tiefsten Ebene deines Seins heraus an der Unterhaltung teil. Sei sehr ehrlich. Wenn du beginnst, dich verloren oder überwältigt zu fühlen, teile dieses Gefühl deinem inneren Freund mit. Ehrlichkeit wird die Bilder so verändern, wie sie dir am hilfreichsten sein können.

Erinnere dich daran, dass die Bilderwelt ihre eigene Sprache spricht. Der Inhalt, der dich aus jener Welt erreicht, wird wahrscheinlich nicht auf einen klaren und knappen Einzeiler hinauslaufen (auch wenn in dieser Welt alles möglich ist!). Beobachte das, was kommt. Wenn du mehr Klarheit brauchst, dann bitte darum. Warte ab, was geschieht. Nutze der Reihe nach die fünf wesentlichen Zutaten, während du dem Bild ermöglichst, sich zu entfalten. Wenn du das Gefühl hast, dass der Abschluss deiner Reise naht, frage das Bild, ob es Zeit ist, sich zu verabschieden. Danke dem Bild oder den Charakteren, die zu dir gekommen sind. Danke dem Ort. Verabschiede dich auf die Art, die dir angemessen scheint.

Halte Rückschau und schreibe deine Reise auf. Welche Eindrücke sind besonders stark? Notiere deine Eindrücke. Unterstreiche oder notiere Worte von deiner Reise, die dir besonders bedeutungsvoll erschienen. Finde Wege im Außen, um mit deinen inneren Bildern zu interagieren, so dass Integration stattfinden kann. Gestatte der inneren Welt, die äußere zu beeinflussen.

Erlebnisberichte von Reisen zu Lebensthemen und Fragen

Ich möchte gerne ein Beispiel anführen, welches eine solche Reise widerspiegelt. Es geht um die Frage des Umzugs in eine neue Stadt. Katie ist in ihren Dreißigern und mit einem Anwalt verheiratet. Ihrem Mann wurde eine Stelle in einer Anwaltskanzlei in einer großen Stadt angeboten, in der ein alter Freund von ihm arbeitet. Gegenwärtig leben sie in einer kleinen Stadt, in der ihre Kinder zur Schule gehen und in der Katie aufgewachsen ist. Katies Ehemann hat ihr gesagt, dass er zwar die Herausforderung genießen würde, die diese neue Stelle mit sich bringen würde, aber dass er auch in seinem gegenwärtigen Job glücklich ist und das ländliche Leben genießt. Er hat sie um ihre Meinung gebeten und ihr gesagt, dass er bereit wäre zu gehen oder zu bleiben. Katie wendet sich an die Innenwelt, um von ihrem inneren Selbst Rat zu holen. Hier ist ihre Reise.

Ich bin an meinem besonderen Ort, einem Hain. Die Bäume sind Birken, und ihre Blätter flüstern im Wind. Ich fühle mich ruhig hier, und die Last der Entscheidung scheint hier leichter zu wiegen. Hier kann ich mich ausruhen. (Katie nimmt sich jetzt etwas Zeit, um an ihrem besonderen Ort zu ruhen und um all den Frieden in sich aufzunehmen, den sie dort erlebt.) *Mein innerer Helfer* (Katies Wort für ihren inneren Freund) *ist hier. Ihr Name ist Patches. Sie ist eine weiße Katze mit schwarzen Flecken. Sie umrundet mich und schnurrt dabei. Sie ist anmutig und sanft und trägt eine kleine Glocke um ihren Hals. Ich begrüße sie und frage, ob sie mich begleiten würde, wenn ich die Möglichkeit des Umzugs näher betrachte. Sie rollt sich auf meinem Schoß zusammen, öffnet ihre Augen weit und drückt mir so ihre Einwilligung aus.*

Ich bitte um ein Bild, welches die Entscheidung für den Umzug repräsentiert. Was ich sehe, ist eine Maus, die in ein Loch rennt. Sie will, dass ich ihr folge. Als ich ihr in das Loch folge, sehe ich ein gemütliches Wohnzimmer und einen kleinen Tisch. So, als wäre ich in einem Kinderbuch. Ein geflochtener Teppich bedeckt den Boden, und Bilder hängen an den Wänden. Ich erinnere mich an eine Geschichte über eine Stadtmaus und eine Landmaus aus meinen Kindertagen. Die Geschichte wird wieder lebendig. Sie handelte von den Wundern einer Stadt und dem großen Spaß, den die Maus bei ihrem Besuch bei ihrem Cousin in der Stadt hatte, aber sie endete damit, dass die Maus die Weitläufigkeit und die gute Landluft vermisste und sich danach zurücksehnte. Ich erzähle Maus die Geschichte, während ich auf einem kleinen Stuhl in ihrer Wohnung sitze. Ich fühle mich ein wenig beengt hier unten bei Maus, als bräuchte ich Luft. Nun bemerke ich Patches und höre ihre Glocke. Ihre Pfote greift nach uns und hebt uns hoch, Maus und mich. Sie lässt uns in der Stadt hinunter. Wir sind in einem Park. Menschen und Betriebsamkeit umringen uns. Maus rennt in ein Loch, direkt hier im Park. Ich folge ihr. Dieses kleine Haus hat Vorhängeschlösser an Türen und Fenstern. Als ich die Wände betrachte, sehe ich wunderschöne Gemälde, die ich wiedererkenne, und ich erinnere mich daran, dass das Kunstmuseum ganz nah wäre, wenn wir in der Stadt lebten. Aufs neue habe ich das Gefühl zu ersticken, aber dieses Mal riecht die Luft abgestanden und verbraucht. Ich frage Maus, was er braucht, und er spricht ein einziges Wort: »Luft.« Als ich frage, was noch geschehen muss, weiß ich, dass auch ich frische Luft atmen muss. Ich finde mich selbst in meinem Birkenhain wieder, mit Patches auf meinem Schoß. Als mir die Lektion klar wird, denke ich an Maus, an Patches und an den wunderschönen Birkenhain. Ich verabschiede mich dankbar.

Katie verstand die Botschaft ihrer Reise. Das Stadtleben wäre zu einengend für ihr Naturell, aber sie wäre in der Lage zu genießen, was die Stadt zu bieten hat. Sie wusste auch, dass ihre gegenwärtige Situation ihr nicht wirklich entsprach. Die Stickigkeit des Mauselochs auf dem Land wog schwerer als die Gemütlichkeit. Katie sah dies als Verbildlichung ihrer Situation. Auch wenn durch diese Reise keine endgültige Entscheidung herbeigeführt wurde, so fühlte sie sich doch, als hätte sie Dinge erfahren, derer sie sich zuvor nicht bewusst gewesen war. Sie wusste, dass sie – ganz gleich, wo sie leben würde – frische Luft und neue Erfahrungen brauchte. Katie kam mit sich überein, dass sie ihren Horizont erweitern würde, für sich selbst und für ihre Kinder, »ganz gleich, wo wir leben«, und spürte neuen Frieden mit dieser Entscheidung.

***

Birgit ist 54. Sie arbeitet als Lehrerin an einer weiterführenden Schule und nebenbei als Craniosakral-Therapeutin. Sie kommt mit der Absicht zur Imaginationssitzung, die »Blockaden« zu erforschen, die sie davon abhalten, ihrem höheren Sinn zu folgen. Sie will ihre Widerstände sehen. Zugrunde liegen die weitgefassten Fragen: »Wie kann ich dienen?« und »Was soll ich mit meinem Leben anfangen?« Diese Fragen hat sie im Sinn, als sie mit der Innenreise beginnt.

Mir kommt die Erinnerung an einen sonnendurchfluteten Raum. Er ist in einem Landhaus, zu welchem meine Eltern meinen Bruder und mich als Kinder mitnahmen. Ich weiß, dass mein Bruder schläft, und spüre das vollkommene goldene Sonnenlicht, das den Raum erfüllt. Ich erinnere mich daran, mit meiner Mutter gesprochen zu haben, als wir auf dem Bett lagen. Es war wundervoll. Ich spüre Liebe, Zugehörigkeit zur Familie, Mutter-Tochter-Beziehung, Ruhe, das Licht und den Duft des Sommers. Am stärksten sind das goldene Licht und die Tiefe der Gefühle in meiner Erinnerung.

Als ich meinen Widerstand (gegenüber dem Erfüllen meines höheren Lebenssinns) bitte, sich mir als ein Bild zu zeigen, sehe ich ein kleines, in Gelb gekleidetes Mädchen. Sie stampft mit dem Fuß als Ausdruck des Trotzes. Sie will nicht gemaßregelt werden. Ich bin mir klar, dass sie weder herausfinden will, was sie mit ihrem Leben anfangen soll, noch will sie tun, wofür sie bestimmt ist. Sie betrachtet diese beiden Dinge als ein und dasselbe. Auch bin ich mir bewusst, dass sie ein Aspekt von mir selbst ist. Ich kann den Ort in mir spüren, an dem ich es leid bin, hart zu arbeiten, und nicht länger danach suchen will, was ich mit meinem Leben anfangen soll.

Als ich diesem kleinen Mädchen erlaube, mit dem Fuß zu stampfen und ihren Wutanfall zu haben, verwandelt sie sich in eine in sich ruhende junge Frau, die mich wirklich ansieht. Sie ist voller Akzeptanz, aber scheint mich aufzufordern, erwachsener mit dieser Frage umzugehen.

Während diese junge Frau mich ansieht, werde ich mir der tatsächlichen Blockaden in meinen Handflächen bewusst. Es sind quadratische Holzklötze, und ich frage mich, ob sie festkleben und ob sie entfernt werden können. Ich bin in der Lage, diese Klötze zu entfernen, sie von meinen Händen abzuziehen, als wären sie dort mit Klettverschluss befestigt gewesen. Als ich diese Klötze in der Hand halte, spüre ich dasselbe Kribbeln in meinen

Händen, das häufig auftritt, wenn ich am Körper eines Klienten arbeite. Ich habe dieses Gefühl schon seit einer Weile nicht mehr gehabt, und ich war besorgt deswegen, denn wenn ich es spüre, fühle ich mich »verbunden«.

Die ruhige junge Frau ist nun bei mir. Sie hilft mir, die Ängste zu betrachten, die unter den Klötzen liegen.

Ich sehe die Angst, nicht gut genug zu sein.

Ich sehe die Angst davor, in Situationen zu geraten, mit denen ich nicht umgehen kann.

Die junge Frau hilft mir zu sehen, dass ich diese Klötze in der Ecke meines Behandlungsraumes stapeln und aufbewahren kann. Ich sehe, dass ich frei wählen kann, diese Klötze von meinen Händen zu entfernen. Ich kann sie jetzt abnehmen und bin trotzdem in Ordnung. Dies tue ich. Ich kann sie in der Ecke gestapelt sehen. Ich weiß, was sie sind und warum sie dort sind.

Nach Birgits Innenreise sagte sie, dass es sich so beruhigend anfühlt, zu wissen, dass diese Klötze, die sie erlebt hatte, keine Schwäche darstellten. Sie war in der Lage, sie als etwas zu betrachten, das eher als Schutz denn als Schwäche auftrat. Sie verspürte auch eine neue Akzeptanz und ein neues Verständnis bezüglich ihrer Gefühle des Widerstandes. Nach dieser Reise teilte sie mir mit, wie sehr diese ihre Arbeit mit den Klienten beeinflusst hatte. Sie sprach von ihrer ersten Behandlung eines Klienten nach der Reise. »Ich war mir der Blöcke bewusst, die in der Ecke lagen. Ich entschied mich, sie dort zu lassen. Ich spürte viel Wärme und Kribbeln in meinen Händen während der Sitzung, wie in den früheren Tagen. Mein Klient schien viel entspannter zu sein als gewöhnlich und sprach an manchen Stellen an, die bisher ›blockiert‹ waren.« (Hmmm!)

Deine Arbeit mit Problemen und Fragen

- Schütze den Raum. Bete.
- Beruhige deinen Geist, entspanne deinen Körper. (Erde-Luft-Atem-Körper)
- Richte deine Aufmerksamkeit auf dein Problem oder deine Frage und alle Fakten, die du bereits zu diesem Thema gesammelt hast. Sei dir all dessen bewusst.
- (Optional) Gehe an deinen besonderen Ort. Lade deinen inneren Freund ein, dich bei der Bearbeitung des Themas zu begleiten. Begrüße den Freund und danke ihm für sein Kommen. Frage ihn, ob er dir etwas zu dem Thema zeigen oder sagen möchte. Frage, ob er bei dir bleiben wird, während du das Thema näher betrachtest und befragst.
- Lade ein Bild ein, sich zu zeigen, welches das Thema repräsentiert. Beginne die Unterhaltung mit dem Bild, indem du die fünf wesentlichen Zutaten nutzt:
  1. Begrüße das Bild. Danke ihm für sein Kommen.
  2. Frage das Bild, ob es eine Botschaft für dich hat oder dir etwas zeigen oder sagen will.
  3. Frage das Bild, ob es etwas von dir braucht.
  4. Frage das Bild, ob noch etwas geschehen soll.
  5. Danke dem Bild (oder den Bildern) für sein (ihr) Kommen und verabschiede dich auf eine Art, die sich richtig für dich anfühlt.
- Nimm dir Zeit, den Übergang zur Außenwelt zu vollziehen. (Atem-Körper-Erde-Himmel)
- Schreibe deine Reise auf.
- Kombiniere das Wissen, das du von deiner Innenwelt bekommen hast, mit den Informationen, die du zu dem Thema oder der Frage gesammelt hast. Finde Wege, dich an das zu erinnern, was dir die Reise gezeigt hat. Trage die Weisheit deiner Innenreise in die Außenwelt.

Kapitel 18

Körperheilung

Der menschliche Körper ist wahrlich ein Universum. Komplexe Systeme arbeiten getrennt und gemeinsam, tauschen sich aus und erneuern sich, zirkulieren und stimulieren, reparieren und ersetzen. Einzelne Zellen leisten ihre Arbeit, Nährstoffe werden verteilt und elektrische Impulse werden in Rhythmen umgesetzt, die alles, was geschieht, synchronisieren. Ganze Systeme kooperieren mit anderen ganzen Systemen. Endlose Aktivität herrscht zu jeder Zeit in unseren Körpern.

Nach außen hin lacht der Mensch, er weint, läuft und rennt, schläft, trifft sich mit anderen, nimmt Nahrung auf, liebt, lernt und lebt. An den Enden der menschlichen Aktivitäten stehen Empfängnis und Geburt, dann Tod. An beiden Enden dieser Aktivitäten liegt das Mysterium. Der menschliche Körper ist Ausdruck all dieser Eigenschaften. Wenn ein System in Gefahr ist, antworten andere Systeme innerhalb des Körpers. Das Universum des Körpers antwortet.

Imagination kann dir helfen, deine Energien zu sammeln und die unendliche Weisheit zu nutzen, die im inneren Reich verfügbar ist, um den Heilungsprozess zu unterstützen. Imagination ist ein wertvoller Weg, der gewährleistet, dass eine wichtige innere Komponente, eine Krankheit oder Störung, mit der du zu tun hast, nicht vernachlässigt wird. Die Übung des Nach-innen-Schauens und die Entdeckungen, die sich daraus ergeben können, fördern jedwede Heilung, die in der Außenwelt gesucht und angeboten wird. Innere Arbeit ergänzt die Arbeit von Heilern und Ärzten, Medikamenten und Therapien, Programmen und Maßnahmen. Das Universum des Körpers strebt nach Ausgleich. Gesundheit ist sein natürlicher, ausgeglichener Zustand. Imagination aktiviert oder erweckt dein Bewusstsein der Innenwelt, deshalb kann die Ausübung der Innenreisen dich zur Heilung führen, denn die Innenwelt wird sich in Richtung Heilung, Ausgleich und Ganzheit bewegen.

Imagination kann viele verschiedene Arten der Heilung unterstützen. In diesem Kapitel wird es um den Nutzen der Imagination für

Heilung gehen, um die Arbeit mit heilenden Bildern, das Lauschen und Dialogführen mit deinem Körper, das Sprechen mit deinem Körper und ihm Weisungen geben, das Schreiben eines Briefes an deinen Körper und Notfall-Imagination für Krisenzeiten.

Imagination zur Heilung nutzen

Die Heilreise

Ich arbeite gerne in drei Abschnitten mit Heilreisen. Manchmal werden alle drei Phasen genutzt. Manchmal auch nur ein oder zwei. Manchmal vermischen sie sich alle. Ich werde alle drei beschreiben.

Der erste Schritt ist, an den Ort der Heilung zu gehen. Der zweite ist, den oder die inneren Helfer herbeizurufen. Der dritte ist, zu jenem Körperteil zu reisen, um das es geht, um wahrzunehmen, wie es sich zeigt, und um sich vorzustellen, wie es aussehen würde, wäre es ganz und gesund, um dann die Fährte von dem einen Zustand in den anderen aufzunehmen.

Damit sich Heilung einstellen kann, gehst du an den Ort, an dem du alle innere Hilfe in Anspruch nehmen kannst, die du benötigst. Dieser Ort liegt in dir. Wie geht es nun weiter?

Befolge die vorangehenden Schritte aus dem Rezept: Schütze den Raum, bete, beruhige den Geist und entspanne den Körper. (Kapitel 3)

Halte deine Fragen zur Heilung in deinem Geist. Lade einen Ort der Heilung ein, sich dir zu zeigen. Dies ist auch der Ort, an dem du dich später mit deinem inneren Heiler treffen wirst. Vielleicht ist es ein Ort, den du wiedererkennst. Vielleicht ist es auch ein Ort, den du nie zuvor gesehen hast. Beides ist in Ordnung. Erinnere dich daran, dass dir dieser Ort durch die unendliche Weisheit in dir gezeigt wird. Vertraue ihm. Du hast deine imaginativen Fähigkeiten mit deinem höchsten Guten durch Vorbereitung und Gebet verbunden, nun musst du den Sprung ins Vertrauen wagen und an die Kraft glauben, die dich befähigt zu imaginieren und dich zu den Bildern führt, die du brauchst.

Sei völlig präsent an diesem Ort der Heilung, indem du dir die Fragen zur Wahrnehmung stellst: »Was nehme ich um mich herum wahr?«, »Welche Farben gibt es hier?«, »Welche Tages- oder Nachtzeit ist es?«, »Gibt es hier Geräusche?«, »Gibt es hier Gerüche?«, »Nehme ich Texturen wahr?« und anschließend »Wo an diesem Ort will ich am liebsten sein?« Lasse dich an der Stelle nieder, die sich richtig für dich anfühlt. Es kann eine Weile dauern, bis du sie findest. Das ist in Ordnung. Nimm wahr, wie du dich fühlst. Spüre, ob du irgendwelche Heilungsenergien an diesem Ort wahrnehmen kannst. Sei dir ihrer bewusst. Manchmal bieten die Orte selbst Geschenke der Heilung an. Wenn du das Gefühl hast, dass dies ein guter Ort für Heilung ist, frage: »Was soll hier geschehen?«

Fahre nun mit dem zweiten Schritt der Heilreise fort. Rufe einen inneren Heiler an diesen Ort. Wisse, dass dieser Heiler jede Form annehmen kann und dass möglicherweise mehr als nur ein Heiler auftaucht. Begrüße sie alle. Wenn es zu verwirrend für dich ist, kannst du einen von ihnen bitten, hervorzutreten. Dann fahre fort mit den einfachen Fragen aus dem Rezept. Danke ihnen für ihr Kommen. Frage: »Hast du eine Botschaft für mich?«, »Gibt es etwas, das du brauchst?« und »Was soll geschehen?« Lasse das Gespräch sich entwickeln.

Sprich mit deinem inneren Heiler über deine Ängste, deine Gefühle und antworte ehrlich auf das, was dir gezeigt und gesagt wird. Wenn du willst, widme dich den Aktivitäten, die dir von deinem inneren Heiler vorgeschlagen werden. Während du dich auf den dritten Schritt vorbereitest, finde heraus, ob der innere Heiler bereit ist, dich zu begleiten, während du den betreffenden Körperteil näher betrachtest.

Bitte – wenn er das will, im Beisein des inneren Heilers (oder der inneren Heiler) – das betreffende Körperteil, sich dir auf deiner Reise zu zeigen. Wahrscheinlich hast du schon eine Vorstellung davon, was genau in deinem Körper passiert, weil es dir von einem Arzt erklärt wurde. Durch die innere Schau kannst du ein tatsächliches Bild von dem entsprechenden Körperteil bekommen. Aber das Bild, welches du empfängst, kann auch ganz metaphorisch sein. Betrachte das Bild besonders sorgfältig. Nimm dir Zeit, die Einzelheiten wahrzunehmen. Vielleicht spricht das Bild selbst zu dir. Vielleicht hat dein innerer Heiler dir etwas zu dem mitzuteilen, was du siehst. Vielleicht bekommst du Impressionen von dem Bild. Nimm alles wahr. Sei ein Teil des Geschehens.

Nun frage das Bild, wie es aussehen würde, wenn es ganz und heil wäre. Achte darauf, was geschieht, während es von dem einen Zustand in den anderen wechselt. Frage es, was geschehen muss, damit es ganz und heil sein kann. Frage: »Wie kann das geschehen?« Bitte deinen inneren Heiler auf jede hilfreiche Weise teilzuhaben. Bleibe in dem Geschehen voll anwesend. Wenn du das Gefühl hast, dass die Reise abgeschlossen ist, bedanke dich bei den Bildern, die dir erschienen sind. Frage, ob du das Geschenk eines Bildes der Heilung erhalten kannst, welches du in Geist und Körper bewahren kannst. Merke dir dieses Bild. Verabschiede dich von den Wesen und Orten der inneren Welt. Atme in deinen Körper. Gestatte deinen Sinnen, zur äußeren Welt zurückzukehren. Schreibe deine Reise auf. Arbeite mit den Bildern, die zu dir gekommen sind.

Arbeit mit Bildern der Heilung

Heilung ist ein laufender Prozess. Eine Heilreise zu machen und anschließend alles zu vergessen, wird nicht so effektiv sein wie das kontinuierliche Arbeiten damit. Wie arbeitet man mit der Innenwelt? Kehre regelmäßig zurück, mindestens täglich, bestenfalls mehrmals täglich. Du musst nicht immer den ganzen Ablauf ausführen. Kehre einfach zu den Schlüsselbildern zurück; zu jenen, die für dich in deiner Reise besonders hervorstechen. Vielleicht kannst du bestimmte Worte deiner Reise als Affirmationen nutzen. Die Veränderung von dem Bild des Problems zum Bild der Ganzheit ist ein kraftvolles Werkzeug, mit dem du täglich arbeiten kannst. Finde realistische Wege, die Vorschläge, die dir auf deiner Reise gemacht wurden, umzusetzen. Wenn es dir nicht unangenehm ist, teile deine Reise mit dem Arzt deines Vertrauens. Hoffentlich wird er oder sie die Bilder und die Arbeit, die du geleistet hast, respektieren. Diese Art der inneren Arbeit wird von Ärzten immer mehr wertgeschätzt. Lasse dich durch die Ablehnung deiner inneren Arbeit durch jemand anderen nicht beeindrucken, weil das ihren Wert mindert. Sie können vielleicht einfach nicht verstehen, was du gelernt hast. Erkenne die Arbeit an, die aus deinen Tiefen kommt, von deinem innersten Selbst, wo du mit dem großen Wissen verbunden bist. Es ist eine Arbeit, die deine Aufmerksamkeit ganz und gar verdient.

Auf den Körper hören

In Dialog mit ihm treten

Du kannst lernen, auf deinen Körper zu hören. Dein Körper weiß vieles. Er weiß, wo du Schmerz und Freude gespeichert hast. Er ist seit deiner Geburt dein irdisches Zuhause. Dein Körper spricht auf verschiedene Arten zu dir, zum Beispiel durch das Spüren, durch Gesundheit und Krankheit. Innenreisen sind eine Möglichkeit, durch die dein Körper eine Brücke zu deiner Seele und zu deinem Geist bauen kann, um auf klare Art und Weise mit dir zu kommunizieren. In meiner Arbeit als Yogalehrerin ermutige ich meine Schüler immer, auf ihre Körper zu hören. Dieses Hören ist mehr ein In-den-Körper-Hineinhören, weil du nicht hören kannst, was dein Körper wirklich sagen will, solange du nicht präsent und aufmerksam in ihm bist. Wenn dein Körper verzweifelt deine Aufmerksamkeit sucht, wird er dich dazu zwingen, sie ihm zu geben, etwa durch Krankheit, eine Verletzung oder Schmerzen. Der bessere Weg ist, deinem Körper liebevoll zuzuhören und ihm Aufmerksamkeit zuteil werden zu lassen, bevor er deine Aufmerksamkeit mit harten Mitteln gewinnen muss.

Ich bitte meine Schüler oft, einen Vorsatz zu formulieren, bevor die Yogastunde beginnt. Ein wunderbarer Vorsatz ist, einfach auf den Körper zu hören. Wenn man sich vornimmt, zuzuhören, verläuft alles anders, was während der Stunde passiert, weil alles, was mit dieser Absicht geschieht, ein Zuhören werden kann.

Du musst nicht in den Yoga-Unterricht gehen, um inneres Zuhören zu üben. Fasse einfach den Vorsatz, zuzuhören. Werde empfänglich. Entspanne dich in deinen Körper hinein. Nimm wahr, was geschieht. Antworte auf das, was du wahrnimmst, als würdest du eine Unterhaltung führen. Dies ist Austausch mit dem Körper. Das »Dem-Körper-

Zuhören« kann bei jeder Aktivität stattfinden, wenn du deine Aufmerksamkeit nach innen richten kannst, etwa beim Gehen, Laufen oder Sitzen. Du brauchst keinen besonderen Grund, um deinem Körper zu lauschen, aber es gibt viele Gelegenheiten, wo es sehr hilfreich sein kann. Hier sind ein paar Beispiele:

Ein Gespräch mit einem Organ, bevor es entfernt werden soll, kann helfen, dich auf einer tiefen Ebene vorzubereiten, um leichter loszulassen oder das Organ besser aufgeben zu können. Danke ihm für alles, was es für dich getan hat, und lasse es wissen, was passieren wird und was du dir davon erhoffst. Frage es, ob es dir etwas sagen oder zeigen möchte, bevor es entfernt wird. Sprich mit ihm wie mit einem Bild, das zu dir kommt.

Vielleicht hattest du schon lange ein bestimmtes Problem. Sprich mit deinem Körper. Sprich mit deinen Kopfschmerzen, sprich mit deiner Nervosität. Sprich zu deinen Symptomen, besonders, wenn du alles andere bereits versucht hast, und nicht weißt, was du noch machen sollst. Fasse den Entschluss, zuzuhören, und dann höre zu. Sei empfänglich. Wenn du zuhörst, antworte auf das, was du empfindest, als wärst du in einem Gespräch mit einem Freund. Vielleicht wirst du in Bildern »hören«. Nutze das Rezept, um mit ihnen zu arbeiten. Vielleicht wirst du in Empfindungen oder Gefühlen, Gedanken oder Erinnerungen, Einsichten oder Bauchgefühlen »hören«. Auch dann nutze das Rezept, um zu antworten. Stelle die Schlüsselfragen: »Hast du eine Botschaft für mich?«, »Gibt es etwas, das du brauchst?«, »Was soll noch geschehen?« All dies sind Arten, wie dein Körper mit dir kommunizieren kann. Antworte und gestatte dann deinem Körper zu antworten. Dies ist innere Konversation oder ein Gespräch mit deinem Körper.

Sprich richtungweisend mit deinem Körper

Kommunikation mit deinem Körper ist ein integraler Bestandteil der Heilung. Dein Körper ist empfänglich für deine Stimme. Du kannst dich selbst in Krisenzeiten beruhigen und Vorschläge machen, die den Weg der Heilung erleichtern. Wenn diese Vorschläge in der Innenreise verankert werden, werden sie effektiver, da sie aus dem Inneren stammen. Manchmal muss etwas geschehen, und dein Körper muss gebeten werden zu reagieren. Ein Beispiel wäre das Stillen der Blutung nach einer Verletzung. Du bist nicht hilflos und von deinem Körper getrennt. Ihr seid gegenseitig ein vertrauter Teil voneinander. Du kannst deinen Körper bitten, aufzuhören zu bluten. Entspanne dich so gut du kannst. Manchmal heißt es, aus deiner ruhigen Mitte zu dir zu sprechen, auch wenn im Außen alles chaotisch ist. Sage deinem Körper, was geschehen muss. Je mehr Details du ihm mitteilen kannst, desto besser. Deine Worte könnten lauten: »Blutgefäße, ihr müsst euch zusammenziehen, damit die Blutung aufhört.« Stelle dir dieses Zusammenziehen bildlich vor. Lasse deinen Körper wissen, was er tun soll. Verlangsame deine Atmung und atme ruhig und regelmäßig. Dies wird der Entspannung förderlich sein, selbst in Zeiten des Chaos. *Je entspannter und bestimmter du bist, desto empfänglicher ist dein Körper für diese Vorschläge.*

Behandle deinen Körper wie einen weisen Freund; lasse ihn wissen, was geschieht und was du dir von ihm wünschst. Streue Dankbarkeit in die Unterhaltung ein. Nutze Affirmationen, um alte Vorstellungen loszuwerden, die der Heilung nicht dienen.

Du kannst konkrete Hilfsmittel auf deiner Reise nutzen, um das, was mit deinem Körper passiert, und das, was mit ihm geschehen soll, zu unterstützen. Manchmal kommen diese hilfreichen Werkzeuge direkt aus deiner Bilderwelt, aber manchmal kommen sie auch von der Weisheit anderer und können in deine eigene Heilung einbezogen werden. Vielleicht hast du Worte gehört oder gelesen, die tief in dir auf Resonanz stoßen. (Zum Beispiel: »In der Gegenwart von Angst entspanne ich mich und weiß, dass Gott bei mir ist.«) Diese Worte können in dein Gespräch mit deinem Körper einfließen. Auf dem Gebiet der Heilung und der Imagination wurden große Fortschritte erzielt. Hierzu gibt es viel weiterführende Literatur. Geführte Reisen, die spezielle Situationen und Krankheiten abdecken, sind verfügbar. Vielleicht findest du eine ganze CD hilfreich, oder du hörst sie einfach an, und ein paar Aussagen fühlen sich richtig für deine Situation und für deine Bedürfnisse an. Sage deinem Körper, was geschehen wird und welche Reaktion du dir von ihm wünschst. Lasse Worte der Dankbarkeit einfließen.

Hier ein Beispiel aus meinem Leben: Ein Chirurg erklärte mir eine bestimmte Prozedur. Wie vorgeschrieben, erzählte er mir auch von Dingen, die »schieflaufen« können. Er erklärte mir, wie meine Blase im Verlauf der bevorstehenden Operation hochgeschoben werden würde und dass es manchmal eine Weile dauere, bis die Blase nach der OP wieder funktioniert, da sie »unter Schock« stehe. Als ich über seine Worte nachdachte und mein Wissen über Imagination und den Körper auf diese Situation anwendete, beschloss ich, mit meinem Körper zu sprechen… um ihn genau wissen zu lassen, was geschehen würde (so, dass er nicht »unter Schock« stehen würde!). Ich hörte die Worte von Dr. Martin Rossmann und David Bressler, mit denen ich studiert hatte (siehe Bibliographie). Sie bieten spezielle Suggestionen, die bei einer Operation hilfreich sind. Ich koppelte diese Suggestionen an die Reaktion, die ich mir von meinem Körper wünschte, und um diese Informationen mit meinem Körper zu teilen, beschloss ich, einen Brief zu schreiben.

Einen Brief an deinen Körper schreiben

Wenn du Glück und die Zeit hast, dich auf das vorzubereiten, was mit deinem Körper geschieht, kannst du dich entschließen, einen Brief zu schreiben. Manche Faktoren, die ich in dem Brief an meinen Körper aufführe, sind bei Operationen geläufig, also werde ich sie hier einfügen, denn sie sind für dich oder jemanden, den du kennst, vielleicht hilfreich.

So ist es beispielsweise generell hilfreich, wenn das Blut während der Operation von der operierten Stelle fern bleibt und wieder zurückkehrt, wenn die Operation abgeschlossen ist. Wenn dem Blutfluss eine Richtung gewiesen wird, kann der Blutverlust vermindert und eine bessere Sicht auf die zu operierende Stelle geboten werden. Muskeln und Organe sollten entspannt bleiben. Die Gedärme und das Verdauungssystem müssen zur normalen Funktion zurückkehren, wenn die

Operation abgeschlossen ist, um einen Darmverschluss (ein Fehlen der natürlichen Bewegungen der Eingeweide) zu vermeiden. Das Immunsystem muss die Region von Infektionen freihalten. Die Lunge muss sich nach der Operation reinigen, die angesammelten Verunreinigungen beseitigen und den Körper mit lebenserneuerndem Atem erfüllen.

Jeweilige Besonderheiten können bei jeder Operation angesprochen werden. In diesem Beispiel, bei dem es um meine Blase ging, habe ich zu meiner Blase gesagt, dass sie angehoben werden würde. Ich bat sie, nach der Operation weiterzuarbeiten (und sie hat auf mich gehört!).

Ein anderes Beispiel kann das Entfernen eines Tumors sein. Du kannst den Tumor bitten, sich selbst einfach in die Hände des Chirurgen abzulösen, du kannst diese Ablösung visualisieren. Dasselbe gilt auch für ein Organ, das entfernt werden soll. Bitte es, sich einfach abzulösen. Schreibe deine Hoffnungen nieder. Schreibe deine Erwartungen nieder. Kommuniziere ehrlich und klar. Schließe deine Hoffnungen mit ein und affirmiere deine Gesundheit und die Dinge, die dir wichtig sind. Dann lies, was du geschrieben hast. Lies es deinem Körper vor, als würdest du es einem Freund vorlesen.

Notfallreisen in Krisenzeiten

Denke daran, dass die Reise an den besonderen Ort ein gutes Vorgehen sein kann, wenn du beunruhigt bist und Angst um deinen Körper hast. Das kann zum Beispiel auf dem Behandlungsstuhl beim Zahnarzt oder in einem Operationssaal im Krankenhaus sein. Die Innenwelt kann deinem Körper helfen, sich zu entspannen. Die beruhigenden Effekte der Imagination werden durch kontrolliertes oder bewusstes, tiefes und vollständiges Atmen verstärkt. Das regelmäßige, langsame und tiefe Atmen selbst ist ein kraftvoller Helfer in Krisenzeiten, und seine Hilfe verstärkt sich noch, wenn er mit der Innenwelt verknüpft wird. Ganz gleich, wo du bist, wenn du dich entspannen musst, und selbst wenn du völlig verspannt bist, fange an, deinen Atem zu verlangsamen und zu vertiefen, und dann stelle dir vor, wie du dich an einem Ort befindest, an dem du gerne bist. Nutze deine Vorstellungskraft, um dort anwesend zu bleiben, und du wirst sehen, wie dein Körper reagiert, wie er sich entspannt. Dies ist nicht nur für dich selbst hilfreich, sondern auch für die, die mit oder an dir arbeiten.

Erfahrungsberichte von Heilung und Körperreisen

Diese Reise ist von Sue. Sie ist 51 und leidet unter der Rückkehr ihres Brustkrebses, der sich auf andere Gewebe und Organe ausbreitet. Sie hat aufgehört zu unterrichten und unterzieht sich einer heftigen Chemotherapie, die sie sehr schwächt. Ich besuche sie in ihrem schönen Haus, wir sitzen auf der Veranda in der Sonne und unterhalten uns. Sue ist offen. Wir besprechen verschiedene Möglichkeiten. Sie erzählt von ihrer Mutter und Schwester, die an dieser Krankheit gestorben sind. Hier ist ein Teil ihrer Reise:

Beim Einatmen spüre ich Grün; beim Ausatmen lasse ich eine eklige gelbe Farbe gehen. Vor meinem geistigen Auge sehe ich Pfade hinter unserem Grundstück. Ich sehe dort Stühle. Die Aussicht ist mir bekannt und schön, voller schöner Erinnerungen. Ich komme an den Ort, an dem ich immer eine Pause mache, wenn ich spazieren gehe. Ich sitze in einem Adirondack-Stuhl. Ich suche nach Vögeln. Manchmal kündigen die Krähen Rotschwanzfalken an. Ich sehe einen alten Ahornbaum. Die obere Hälfte ist tot. Die untere Hälfte ist voller grüner Blätter. Ich denke daran, dass die obere Hälfte ein guter Ort für Vögel ist. In der Ferne sehe ich Wanderwege und Loipen. Ich fühle mich friedlich, erwartungsvoll und ruhig, als ich meinen inneren Heiler bitte, sich zu zeigen. Was ich sehe, sind Meisen! Es gibt einen Regenschauer, und sie spielen im Regen! Ihre Botschaft an mich ist folgende: Sie sind so klein und unscheinbar. Für mich sind sie kraftvoll. Sie kennen Freude auch in schrecklichen Situationen. Sie spielen in Schneestürmen! Sie zeigen mir Licht. Sie sagen mir, dass ich mir der Freude bewusst sein muss, die in mir ist. Sie sagen mir, dass ich mir der Freude bewusst sein muss. Sie wollen, dass es mir gut geht. Ich frage, warum. Was soll ich tun, wenn es mir nicht gut gehen kann? Sie sagen mir, dass ich im Schneesturm spielen soll.

Jetzt sehe ich eine Indianerprinzessin. Sie ist sehr tapfer und sehr weise. Sie hat solch eine Kraft in sich. Ihre Stärke reicht über alles in der physischen

Welt hinaus. Ich denke, sie ist immer bei mir. Ich bemerke es nur nicht. Ich denke, ich sollte es bemerken. Sie kommt als Bild zu mir, das ich nutzen soll, wenn ich meine Stärke brauche.

Falke ist auch hier und sagt mir, dass ich manchmal einfach aus meinem Körper treten und fliehen soll. Dies kann ich tun, indem ich emporsteige wie Falke, höher und höher kreisend. Falke sagt mir, dass Fliegen besonders gut über frischem Wasser ist. Dies tue ich, wenn ich meine Chemotherapie habe... Falke und Indianerprinzessin sagen mir, ich soll sie so oft wie möglich nutzen, um die Last leichter zu machen. Ich sehe meine Haut rosig und gesund. Gute Flüssigkeiten fließen durch meine Zellen und nähren sie. Sie sagen mir, ich soll dieses Bild halten und mit ihm arbeiten. Als ich mich bei ihnen bedanke, wissen sie bereits, dass ich dankbar bin. Ich bin dankbar für ihr Vorbild und ihre Unerschütterlichkeit.

Nachtrag: Sue hatte eine kurze Phase der Kräftigung, und wurde dann viel schwächer. Sie starb etwas weniger als ein Jahr nach dieser Reise. Selbst als sie schwächer wurde, war ihre Einstellung wunderbar. Ich sah sie häufig mit ihren Freunden »spielen«, ins Kino gehen, lachen und das Leben genießen. Auch wenn ich weiß, dass es nicht einfach war, so war ihr letztes Jahr gut, und sie sagte mir, dass ihre Bilderwelt ihr helfend zur Seite stand.

Wachstum und Heilung können auch eintreten, wenn sie in der äußeren Welt nicht als vollständige Heilung sichtbar sind. Als Krankenschwester habe ich das häufig gesehen. Als Menschen lieben wir die Geschichten von Wunderheilungen. Und doch – dies ist wichtig – sind Heilung und Wachstum möglich, auch wenn physische Genesung es nicht ist. Ich schreibe hier Sues bemerkenswerte Reise nieder, um diesen Punkt zu verdeutlichen und um ihren wunderbaren Geist zu ehren.

***

Pat ist Anfang sechzig. Sie ist Pianistin und hat Mitte Juni einen Auftritt. An einem Nachmittag im März stürzte sie auf einem Gehweg (als sie auf dem Weg ins Kino war, um den Film »Der Pianist« zu sehen!) und verletzte sich ihre Schulter. Sie litt während des Films unter schrecklichen Schmerzen und ging direkt danach zum Arzt. Der sagte ihr, ihre Schulter und ihr Oberarm seien gebrochen, sie habe eine gerissene Rotatorenmanschette und ein Sehnen- und Muskeltrauma. Sie suchte einen Spezialisten auf, der sie mit Ruhigstellung, Eis und Schmerzmitteln behandelte. Es hieß, es müsse später operiert werden, weil die gebrochenen Knochen des Oberarms falsch justiert waren und die Rotatorenmanschette verdreht und gerissen war. Sie beschloss, eine Innenreise zu machen, um die Heilung zu unterstützen. Diese Reise fand vier Tage nach der Verletzung statt:

Ich sitze in einem kleinen, runden Raum, ähnlich einem Pavillon. Um mich herum sind offene Bögen, und Vorhänge wehen in einer Brise. Ich sehe keine Fenster. Alles ist kühl und weiß.

Ich bitte meinen inneren Heiler, hier zu mir zu kommen. Ich sehe einen weisen, bärtigen Mann. Er ist groß und schlank. Er stellt sich hinter mich und legt mir eine Hand auf die Schulter. Seine Hand ist riesig. Er spricht mit mir über alle Dinge, die mir empfohlen wurden. Er sagt mir, dass meine Ärzte wissen, was zu tun ist, und ermahnt mich, sämtlichen Vorschlägen meines Behandlerteams zu folgen. Er sagt, er wird da sein, seine Hand auf mir. Ich stelle mir seine riesige Hand auf meinem verletzten Arm und meiner Schulter vor, wie sie den Schmerz heraussaugt und langsam meine Verletzung heilt. Er sagt mir, dass ich mir die Zeit nehmen soll, dieses Geschehen zu visualisieren. Ich danke ihm, als wir uns trennen und ich ins äußere Bewusstsein zurückkehre. Ich habe das Gefühl, als wäre seine Hand noch immer auf mir.

Pat tat, was ihr von ihren Ärzten und ihrem inneren Heiler aufgetragen wurde. Als sie zu ihrer abschließenden Untersuchung kam, ging sie davon aus, dass ein OP-Termin gemacht werden müsse. Die Röntgenbilder zeigten aber, dass beide Teile des Oberarmknochens wieder an ihrem Platz waren, der Schulterknochen richtig lag und die Rotatorenmanschette nicht mehr verdreht war! Die Operation wurde abgesagt. Der Arzt sagte Pat, dass er noch nie etwas Derartiges gesehen hatte. Dies sind Pats Worte: »Es bleibt ein Mysterium für mich. War es die Reise und die Visualisierung, meine positive Einstellung, mein Wunsch, im Juni das Konzert zu geben, meine Freunde, die für mich gebetet und mir gute Wünsche geschickt hatten? Wie trennt man Körper, Geist und Seele? Ich glaube nicht, dass man das kann, und ich glaube, es war alles zusammen. Als mein Körper schmerzte, so glaube ich, kam alles zusammen, um mir durch diese schwere Zeit zu helfen!«

***

Die nachfolgende Geschichte ist meine eigene. Diese Reise war Teil meiner Vorbereitung auf einen chirurgischen Eingriff, der vor meinem vorher erwähnten Eingriff stattfand. Eine Schwäche, die nach der Geburt in meinem Beckenboden auftrat, hatte sich Stück für Stück verschlimmert, sodass diese recht große Operation notwendig wurde.

Als ich an den Ort der Heilung gehe, sehe ich einen Fluss und Sand. Die Sonne scheint, und eine Decke liegt auf dem Sand. Ich rufe nach meinem inneren Heiler. Ich sehe einen Indianer mit langem dunklen Haar und einer Adlermaske. Er hat weiße Flügel. Er ist schlank und stark mit dunklen Augen. Ich sehe auch Elefant (ein Tier, das ich seit Beginn meiner Reisen kenne). Ein Pferd ist auch dort. Pferd ist dunkel mit schwarzer Mähne und schwarzem Schweif. Sie sagen mir, dass sie ein Team von Heilern sind. Sie bitten mich, mich auf die Decke zu legen. Der Indianer nimmt meinem Kopf und legt die Hände tassenförmig um meine Schädelbasis. Elefant ist an meiner rechten Seite, sehr glücklich. Das Pferd ist zu meiner Linken. Ich spüre einen Engel an meinen Füßen. Der Engel ist nicht ganz sichtbar, aber ich spüre seine Anwesenheit sehr deutlich. Der Engel und der Indianer arbeiten zusammen und unterstützen die Rhythmen meines Körpers. Ich spüre, wie ich mich in ihre Obhut begebe. Sie sagen mir, dass sie dies vor, während und nach der Operation tun werden.

Ich bitte sie, bei mir zu bleiben, während ich in meinen Körper schaue, in meinen Beckenboden. Ich sehe das Bild eines Mörsers mit Stößel (die Schale und der Stab, die traditionell zum Zermahlen von Kräutern benutzt werden). *Sie sind aus Stein. Ich spüre eine Schwäche ganz unten an der Schale oder dem Mörser, als würde er zerbröckeln. Ich bitte darum, das Bild zu sehen, welches Ganzheit und Heilung zeigt, und sehe dasselbe Gefäß mit einer neuverputzten Wand. Ich frage meinen Körper, was er mir sagen möchte. Ich höre: »Jemand muss die Arbeit machen.« Ich spüre wie ein Segen auf die bevorstehende Operation gelegt wird. Hände segnen meinen Körper und das Ärzteteam, das die Arbeit tun wird. Ich spüre, wie sich der Segen über die Zeit der Operation bewegt. Ich spüre meine Helfer um mich herum, den Indianer, Pferd, Elefant und Engel. Ich werde gebeten, ein Bild festzuhalten, in dem das medizinische Personal gesegnet ist. Alle vier Richtungen, in denen meine Helfer stehen, sind gesegnet. Dann höre ich die Worte »Reparatur« und »Kunst«. Ich sehe ein Bild der Sixtinischen Kapelle, die Schönheit dieser wieder hergestellten Kapelle mit den restaurierten Gemälden an der Decke. Ich weiß, dass alles gutgehen wird. Mir wird gesagt, dass ich das Bild des Körperteils als Kapelle bewahren soll. Meine vier Helfer werden während der Operation bei mir sein, mich umringen und beschützen und darauf achten, dass alles gut verläuft.*

Als ich diese Reise machte, war ich meinem Chirurgen noch nicht begegnet. Als ich ihn traf, sah ich seine Hände an. Sie sahen aus wie die Hände eines Künstlers. Monate nach der erfolgreichen Operation lag ich auf seinem Untersuchungstisch, und er betrachtete die kaum noch sichtbare Narbe von dem Einschnitt, den er gemacht hatte. Eine Krankenschwester stand an seiner Seite. Sie beugte sich über mich und sagte: »Er ist wirklich ein Künstler, wissen Sie?«

Deine Heilreise

- Schütze den Raum. Bete.
- Beruhige deinen Geist, entspanne deinen Körper. (Erde-Luft-Atem-Körper)
- Stelle dir vor, dass du an einem heilenden Ort bist, an einem besonderen Ort, wo du dich wohlfühlst. Frage: »Soll hier etwas geschehen?«
- Bitte deinen inneren Heiler, sich zu zeigen, und sprich mit ihm, indem du die fünf wesentlichen Zutaten nutzt. (Begrüße deinen inneren Heiler und danke ihm für sein Kommen. Frage: »Hast du eine Botschaft für mich?«, »Brauchst du etwas?«, »Was soll geschehen?«)
- Frage deinen inneren Heiler, ob er oder sie dich begleiten wird, während du deinen Körper oder das betreffende Körperteil näher betrachtest.
- Rufe nach innen und bitte den Körperteil, an welchem du Krankheit erlebst, sich dir als ein Bild zu zeigen.
- Beobachte sorgfältig das Bild, das sich dir als Stellvertreter der Krankheit oder des Problems zeigt.
- Tritt in einen Dialog mit dem Bild. Bitte um die Teilnahme deines inneren Heilers. Frage: »Hast du eine Botschaft für mich?«, »Brauchst du etwas?«, »Was soll geschehen?«
- Bitte nun das Bild, sich dir so zu zeigen, wie es aussehen und sich anfühlen würde, wenn es ganz und gesund wäre. Bitte den inneren Heiler um seine Teilnahme, während sich dir das Bild zeigt. Frage das Bild der Ganzheit: »Hast du eine Botschaft für mich?«, »Brauchst du etwas?«, »Was soll geschehen?«
- Danke den Bildern, die dir erschienen sind. Verabschiede dich.
- Nimm dir Zeit, den Übergang zur Außenwelt zu vollziehen. (Atem-Körper-Erde-Himmel)
- Schreibe deine Reise auf.
- Finde Wege, deine Reise in dein Leben zu integrieren und arbeite mit den Bildern der Heilung, die dir gegeben wurden (siehe Kapitel 8).

Deinem Körper zuhören und mit ihm sprechen

- ✦ Fasse den Vorsatz, deinem Körper wirklich zuzuhören. Kombiniere dies auf deine Art mit einem Gebet.
- ✦ Beruhige deinen Geist, entspanne deinen Körper.
- ✦ Tue etwas, bei dem sich deine Aufmerksamkeit nach innen richten kann (wie Yoga, Spazierengehen, Joggen oder Stillsitzen).
- ✦ Erlaube dir, empfänglich zu werden. Richte deine Aufmerksamkeit auf das Geschehen, seien es Gedanken, Gefühle, Bilder oder Erinnerungen.
- ✦ Antworte ehrlich auf das, was du siehst, spürst, denkst oder fühlst. Sprich mit deinem Körper, als würdest du mit einem vertrauten Freund sprechen.
- ✦ Erinnere dich an die Fragen: »Hast du eine Botschaft für mich?«, »Brauchst du etwas?« und »Was soll geschehen?«
- ✦ Beende deine Sitzung mit Dankbarkeit gegenüber deinem Körper.
- ✦ (Optional) Schreibe deine Gedanken auf, die dir in dieser Zeit des Zuhörens gekommen sind.
- ✦ Überlege dir, wie du das Gelernte in dein Leben integrieren kannst, und tue es!

Weise deinem Körper die Richtung

- Entspanne dich. Beruhige deinen Geist. Atme tief und langsam.
- Richte deine Aufmerksamkeit nach innen.
- Sage deinem Körper, was geschehen muss. Erinnere dich daran: Je entspannter du bist, um so empfänglicher ist dein Körper für Suggestionen.
- Lasse deinen Körper wissen, was geschieht und was du dir von ihm wünschst.
- Nutze Dankbarkeit und Affirmationen in deiner Unterhaltung.
- Visualisiere alles, worum du ihn bittest. Sieh zu, wie es geschieht.
- Sprich mit deinem Körper wie mit einem Freund.

Schreibe einen Brief an deinen Körper

- Beginne deinen Brief, als würdest du einem lieben Freund schreiben. Sprich deinen Körper mit liebevollen Worten an (zum Beispiel: lieber, schöner, geliebter, geehrter…).
- Sage deinem Körper, so weit du das weißt, was geschehen wird.
- Lasse deinen Körper wissen, was er tun soll und was du von ihm erwartest. Führe auch deine tiefsten Hoffnungen auf.
- Wenn dir danach ist, schreibe deine Hoffnungen und deine Wünsche für deinen Körper auf.
- Lies den Brief, den du an deinen Körper geschrieben hast. Lies ihn so, als würdest du einem lieben Freund einen Brief vorlesen. Lies ihn häufig.

Notfallreisen in Krisensituationen

- ✦ Atme in einem langsamen und regelmäßigen Rhythmus. Vertiefe deine Atmung, so dass sich dein Unterbauch ausdehnt, wenn du einatmest, und du dich vollständig leerst, wenn du ausatmest.
- ✦ Fokussiere deinen Geist auf den Rhythmus und das Gleichmaß deines Atmens.
- ✦ Stelle dir vor, dass du an deinem besonderen Ort bist:
  - Betrachte alles um dich herum. Beobachte Farben.
  - Höre die Geräusche deines besonderen Ortes.
  - Nimm Gerüche, Texturen, Temperaturen und die Tageszeit dort wahr.
  - Gestatte dir, an der Stelle zu sein, an der du an diesem Ort am liebsten sein möchtest.
  - Atme dort.
  - Wiederhole Worte oder richte deinen Fokus auf Bilder, die dir Trost spenden.

Kapitel 19

Beziehungen untersuchen mit Tiefenimagination

Unser Leben ist Beziehung. Du stehst mit allen Dingen in Beziehung, auf viele verschiedene Arten und Weisen. Manche Beziehungen werden als selbstverständlich betrachtet, so dass man kaum über sie nachdenkt, bis sie irgendwie unterbrochen werden. Andere Beziehungen stehen im Mittelpunkt deines Denkens und fließen in alle anderen Teile deines Lebens. Beziehung mit anderen ist gewöhnlich mit deinem Glück wie auch mit deinen Sorgen eng verwoben. Der Anstoß, sich in neue Bereiche des Lebens zu wagen, kommt häufig aus dem Zusammensein mit anderen.

Auf der dunklen Seite können Beziehungen zwanghaft werden, das gesundheitlich Zuträgliche überschreiten und in bedenkliche Bereiche geraten, etwa in eine Fixierung. Eine unangenehme Beziehung kann dich herunterziehen und dir Energie rauben. So groß diese Kraft auch ist, so groß ist aber auch die Kraft, eine Beziehung zu beleben und zu erneuern. Beziehung kann alle deine Poren für ein neues Gewahrsein und neue Tiefen des Staunens öffnen. Wir brauchen andere physisch, emotional und intellektuell. Wir brauchen andere als Hilfe, um die Welt, einander und uns selbst zu verstehen.

Das Thema Beziehung stand zu allen Zeiten im Mittelpunkt menschlicher Fragen. Orakel, hellsichtige Menschen und Weise wurden über die Jahrhunderte aufgesucht, weil wir unsere Beziehungen besser durchschauen wollten. Die gestellten Fragen blieben im Grunde immer dieselben: »Hilf mir, meine Beziehung zu meiner Schwester, meinem Bruder, meiner Tochter, meinem Sohn, meinem Liebhaber, meinem Chef, meinem Lehrer, meinem Rechtsberater, meinem Freund, meiner Freundin, meinem Ehemann, meiner Ehefrau… zu verstehen.« Dies sind wahrscheinlich Fragen, die wir uns alle schon gestellt haben. Als Menschen wollen wir begreifen und verstehen, was in unserem Leben passiert, mit dem sich das Leben so vieler anderer kreuzt.

Wenn wir etwas über die Beziehung zwischen zwei Menschen herauszufinden wollen, begeben wir uns ein Gebiet voller Rätsel, und

Imagination kann hier hilfreich sein. Verstehe, dass das »Loslassen«, welches für Innenreisen nötig ist, um so wichtiger wird, wenn es um Beziehungen geht. Es kann schwierig sein, deine Wünsche und Träume am »Übergang« zurückzulassen, wenn du die Welt der Bilder betrittst. Aber es ist möglich, und die Einsichten, die hier gewonnen werden können, können tiefgreifend, hilfreich und aufschlussreich sein.

Wenn du von dem, den du liebst, getrennt bist, entweder durch räumliche Distanz oder durch Unstimmigkeiten, kann der Raum, der sich in der Mitte zwischen euch befindet, für Nachforschungen, Austausch, Heilung und Zweisamkeit fruchtbar werden.

Der Raum dazwischen

Der Raum, der sich zwischen zwei Menschen befindet, ist mächtig. Die Anerkennung dieses Raumes, an dem der Geist stark und gegenwärtig ist, kann den sich ergebenden Austausch beeinflussen. Wenn du die Menschen jeweils als kleine Welten siehst, kann die eine Welt einen tiefgreifenden Einfluss auf die andere haben. Wenn wir Beziehungen zu begreifen suchen, werden manche Aspekte für immer ein Mysterium bleiben. In einer Familie sind alle durch Nähe und Blut verbunden, sie beeinflussen und umkreisen sich viele Jahre lang, oft von Geburt an. Für gewöhnlich hast du einige Erfahrung mit Zusammenstößen und damit, nicht miteinander klarzukommen, aber auch Erfahrung mit der Seelenverwandtschaft und Liebe, die die Galaxie zusammenhält, welche die Mitglieder der Familie bilden. Es herrscht Vertrautheit, für Oberflächlichkeit ist kein Platz. Aber oft geschieht es auch, dass der Respekt nachlässt und sich schlechtes Benehmen einstellt, wenn du mit jenen zusammen bist, die dir am nächsten stehen. Vielleicht tritt das auf, weil ihr so vertraut miteinander seid. Respekt zu zeigen, wird zur Herausforderung und zur heilenden Salbe für jede Beziehung.

Außerhalb der Familie ist in Beziehungen das Gefühl von »Anderssein« noch stärker, etwa hinsichtlich kultureller Unterschiede und sozialem Verhalten. Die Auffassung stillschweigender Regeln kann sich von Mensch zu Mensch und zwischen sozialen Gliedern stark unterschieden. Ein allgemein menschlicher Respekt ist der Schlüssel, der dir helfen wird, dich wohlzufühlen, wo es dir unvertraut und fremd vorkommt. Bei der Erziehung meiner Kinder habe ich mich bemüht, ihnen Respekt und Höflichkeit beizubringen, weil ich glaube, dass dies ihnen helfen wird, ihren Weg zu gehen, was auch immer ihnen das Leben bringen mag. Dieselben Schlüssel von Respekt und Höflichkeit sind die Leitlinien, die dich auf Innenreisen begleiten, in denen Beziehungen erforscht werden sollen. (Natürlich sind diese Richtlinien für jede Innenreise wichtig, aber ganz besonders, wenn es um Beziehungsfragen geht.)

Es erfordert einen gewissen Respekt, wenn man sich einander nähert. Dies ist sowohl in der sichtbaren Welt als auch in der Innenwelt wahr. Wenn du zum Beispiel eine Beziehung zu einem Freund besser verstehen möchtest, muss die entsprechende Bilderwelt die Grenzen eurer jeweiligen getrennten Welten achten. Der Raum, in dem ihr zusammenkommt, ist der unsichtbare Raum auf halbem Weg zwischen euch beiden. Ihr beide seid mit demselben Recht an diesem Ort. Es ist der Ort, an dem sich eure Welten berühren. Wenn ihr diesen Raum erkundet, gibt es keine Grenzverletzung. Du gehörst genauso dorthin wie dein Freund. Es ist der Ort, wo das Geheimnisvolle eurer Gemeinsamkeit Gestalt annehmen kann.

Ich erinnere mich, von einer Praxis von Papst Johannes Paul II. gelesen zu haben. Leider konnte ich diesen Artikel nicht wiederfinden und kann ihn daher nicht als Quelle angeben, aber ich glaube, dass es stimmt. Der Artikel beschrieb, wie der Papst sich auf Treffen mit ausländischen Würdenträgern vorbereitete: Er sandte seine Engel aus, um sich mit den Engeln der anderen zu treffen. So wurde der Weg von den heiligen Gesandten bereitet. Diese Vorstellung berührte mich tief. Es ist eine wunderbare Art, sich dem anderen zu nähern; von jenem Raum aus, der bereits zwischen euch besteht, bevor ihr euch getroffen habt. Ich begann, mich meinen Schülern auf diese Weise zu nähern, wenn ich unterrichtete. Ich zündete eine Kerze für meine Schüler an und verband den Raum zwischen uns mit Gedanken an unsere Engel und mit einem Gebet, in dem ich versprach, dass ich mein Bestes geben und für das offen bleiben würde, was geschehen sollte. Ich werde nie mit Sicherheit wissen, ob diese Übung für sie hilfreich war, aber ich weiß, für mich war sie es.

Der Zugang zu diesem kraftvollen Zwischenraum, an dem die Gegenwart des Geistes stark ist, kann den Austausch, der in jeder Beziehung stattfindet, verändern. Die Kraft dieses Ortes ist nicht auf Beziehungen oder Freundschaften begrenzt. So kannst du zum Beispiel dein Bewusstsein auf den Raum zwischen dir und dem Verkäufer im Supermarkt richten oder auf den Raum zwischen dir und der Bedienung im Restaurant. Die Anwesenheit von etwas Geistigem zwischen dir und allen anderen Wesen vorauszusetzen, verändert und vertieft die Begegnung. Versuche es! Es ist eine interessante und aufschlussreiche Übung.

Die Innenreise zu dem Zwischenraum

Bereite dich auf deine Reise vor. Vielleicht möchtest du auch deinen Verstand bitten, »loszulassen«, während du dich entspannst und betest und die Bilderwelt betrittst. Bringe dir die Beziehung, die du erforschen möchtest, ins Bewusstsein und dein Herz.

Stelle dir euch beide vor und bitte den Raum *zwischen* euch beiden, sich Gestalt zu geben, sich dir zu zeigen. In meiner Erfahrung zeigt sich der Ort für gewöhnlich als eine Landschaft, aber bleibe für alle Möglichkeiten offen. Es kann sein, dass er sich dir anders darstellt.

Öffne deine inneren Sinne und sei völlig präsent an dem Ort, der sich enthüllt hat. Was sind die Eigenschaften dieses Ortes? Welche Geräusche gibt es, welche Farben, was spürst du an dem Ort? Siehst du dich selbst dort? Was tust du und wo bist du? Siehst du eine andere Person dort? Dies kann sein, es kann aber auch nicht sein. Versuche, nichts zu erzwingen. Bemerke einfach das, was bereits dort ist. Gibt es in dieser Szenerie einen Ort, an dem du gerne sein möchtest? Nimm dir die Zeit, alles zu erforschen und zu sehen, was um dich herum ist. Wenn du bereit bist, lasse dich an einem Ort nieder, der sich richtig für dich anfühlt. Frage den Ort: »Was soll geschehen?« Sei offen für das, was sich entfaltet.

Vielleicht sind Bilder da, mit denen du gerne einen Dialog führen möchtest. Vielleicht bist du einfach zufrieden, dort zu sein, in der Geisteshaltung von Offenheit und Aufgeschlossenheit. Wenn du bestimmte Fragen hast, kannst du diese zum Ausdruck bringen und dich für eine Antwort öffnen.

Erinnere dich daran, dass dieser Ort, den du besuchst, eine etwas andere Sprache haben kann als deine eigene Innenwelt, weil er die Welt eines anderen berührt. Diese »Berührung« bedeutet auch, dass ein tiefgreifender Austausch möglich ist. Sei dir dessen bewusst. Vielleicht möchtest du dort ein Gebet oder einen Segen für den anderen Menschen hinterlassen, ein Zeichen der Aufmerksamkeit und der Fürsorge. Falls du unsicher oder unschlüssig bist, kannst du einen Begleiter oder einen Helfer einladen, mit dir dort zu sein. Wenn du spürst, dass die Reise ihrem Ende naht, würdige, was zu dir gekommen ist, und danke ihm. Sprich mit der Landschaft, danke ihr dafür, dass sie sich dir enthüllt hat. Verabschiede dich auf eine Weise, die sich richtig für dich anfühlt und deine Einsichten würdigt.

Bei dieser Art der Imaginationsreise bleibt vieles unausgesprochen. Die Reise ist wie ein respektvoller Besuch in einen Raum, bei dem kein Übergriff auf die Privatsphäre des anderen stattfindet, wo ihr aber auf symbolische Art »zusammen sein« und Energie teilen könnt. Wenn du deine Reise gerne aufschreiben und mit ihr arbeiten möchtest, tue es. Viele Dinge geschehen, wenn du die Welt eines anderen kreuzt. Wenn du willst, kannst du diese Reise genießen, ohne formale Integrationsarbeit zu leisten. Die Eingliederung geschieht bereits durch die Art des respektvollen Besuchs an dem Ort zwischen euch beiden. Kehre so oft du willst dorthin zurück. Es ist vielleicht interessant, die Veränderungen des Zwischenraumes und deiner Art des Dortseins zu beobachten. Eine alte Weisheit besagt, dass man nie zweimal in denselben Fluss steigen kann. Dasselbe gilt auch für den Raum zwischen dir und einem anderen; er kann nie derselbe sein.

Erfahrungsberichte vom Zwischenraum

Loretta ist Mitte fünfzig. Ihr erwachsener Sohn Josh ist Reservist, und seine Einheit wurde in den Irak geschickt. Ich habe Loretta die Grundlagen für einen Besuch des Zwischenraumes erklärt. Dies ist ihre Reise:

Ich schließe meine Augen und denke an Josh, besonders an seine Augen. Ich erinnere mich an diese Augen seit sie mich das erste Mal angesehen haben. Ich denke an ihn jetzt, an einen erwachsenen Mann. Ich kann noch immer das süße Kind in seinem erwachsenen Körper sehen. Ich bitte darum, unseren Zwischenraum zu besuchen. Sofort sehe ich einen Baum. Er sieht aus wie ein Obstbaum; er steht in voller Blüte. Weiche Blütenblätter fallen herab. Dieser Baum ist die einzige Form der Vegetation, die ich sehe. Das Land ist weit und kahl. In der Ferne sehe ich Berge. Ich gehe zu dem Baum und stelle mich mit meinem Rücken an den Stamm. Ich spüre Josh dort, auf der anderen Seite des Baumes. Sein Rücken lehnt auch gegen den Baum. Wir blicken in unterschiedliche Richtungen; der Baum steht stark zwischen uns. Ich schicke ihm die Liebe aus meinem Herzen. Ich kann spüren, dass sie den Baum in großen Kreisen umrundet, Josh berührt und sich über uns beide hinaus erstreckt.

Ich rutsche mit dem Rücken am Stamm hinab, bis ich auf dem Boden sitze, mit gebeugten Knien und den Füßen flach auf der Erde. Ich bete für Joshs Sicherheit. Irgendwie können meine Gebete damit aber nicht aufhören. Ich spüre ihre Kreise, wie sie sich von dem Ort aus ausbreiten. Ich bete für alle Soldaten. Ich bete für ihre Familien. Ich bete für das Volk im Irak, besonders für die Kinder. Ich bete für die Soldaten im Irak und für ihre Familien. Ich bete für das Land selbst, welches so zerstört ist vom Krieg und doch in der Lage, diesen wundervollen Baum wachsen zu lassen.

Als ich frage, ob noch etwas geschehen soll, verspüre ich den Wunsch, eine Nachricht zu hinterlassen. Ich nehme einen Stift und Papier aus meiner Rocktasche. Das Papier ist blau. Ich schreibe mein Gebet nieder. Ich schreibe über meine Liebe zu Josh. Ich schreibe ein Gebet zum Schutz auf, das ich vor vielen Jahren gelernt habe. Es lautet: »Das Licht Gottes umgibt dich. Die Liebe Gottes hüllt dich ein. Die Kraft Gottes beschützt dich. Die Gegenwart Gottes wacht über dich. Wo immer du bist, ist Gott.«

Als ich aufstehe, bin ich mir des Geruchs der trockenen Luft gewahr und wie er sich mit dem Duft der Blüten vermischt. Ich küsse das blaue Papier, bevor ich die Nachricht aufhänge. Ich umfasse den Baum und stecke die Nachricht auf einen kleinen Ast auf seiner Seite des Baumes. Ich weiß, dass ich oft hierher zurückkehren werde.

Tränen flossen, als Loretta den Zwischenraum von ihr und ihrem Sohn beschrieb. Sie erzählte mir von dem Trost, den es ihr gab, an einem inneren Ort mit ihm zusammen zu sein, auch wenn er so weit fort war. Sie sagte, dass sie von nun an Briefe in beiden Welten schreiben würde, jene, die sie in ihrem Wohnzimmer schrieb und in den Irak schickte, und jene, die sie in ihrem Geist schrieb und an Joshs Seite des Baumes hängte.

***

Jana und Rey führen eine liebevolle aber turbulente Ehe. Jana hatte eine Barriere verspürt, die sie gerne »sehen« würde. Sie sehnt sich danach, sich ihm wieder nah zu fühlen. Sie beschreibt ihre Partnerschaft so: Sie ist das Feuer, und er ist das Wasser. »Er löscht mein Feuer, und ich koche sein Wasser.« Hier ist Janas Reise zu ihrem und seinem Zwischenraum.

Ich bin auf dem Acker eines Bauern. Die Erde ist frisch gepflügt. Ein paar Hunde sind hier, und sie sind sehr froh. Ich denke, das sind die Hunde, die wir hatten, als wir frisch verheiratet waren, auch wenn sie hier, an diesem Ort, anders aussehen. Ich bin oben auf einem Hügel. Der Wald grenzt an das Feld. Ich rieche die dunkle Erde, die gerade gepflügt wurde. Kein Verkehrslärm ist hier zu hören. Die Hunde flankieren mich. Ich fühle mich hier gut und warm. Ich würde Ray gerne ein Zeichen des Friedens hinterlassen, einen kleinen Steinaltar, als Zeichen für ihn, dass ich auf seiner Seite bin und dass ich Frieden will. Ich will keinen Krieg.

Ich beginne, Steine aufzuschichten. Die Hunde gemahnen mich an Loyalität. Ich erinnere mich daran, wie sie der Puffer zwischen unseren negativen Gefühlen waren und wie ihre Liebe unsere schlechten Zeiten erhellte und unsere schlechten Gefühle zerstreute. Ich habe einen Schildkrötenanhänger, den ich auf den Steinaltar lege. Ich steche mich und hinterlasse dort auch einen Tropfen Blut. Ich will ihn wissen lassen, wie tief meine Gefühle für uns sind. Ich schreibe »Jana und Ray« mit dem Blut. Die Hunde hinterlassen ihren Pfotenabdruck neben meinem Schriftzug. Ich spreche ein kleines Gebet.

Dann bitte ich darum, dass sich eine Botschaft von ihm zeigt. Mein Blick fällt auf einen großen rauen Baum, den ich zuvor nicht gesehen hatte. Er ist riesig und alt, aber doch wunderschön in seiner Rauheit. Er scheint zu sagen, dass sein Herz gut ist und er noch immer lebt.

Jana fühlte sich nach dieser Reise nachdenklich und offen. Sie spürte eine Botschaft von dem Baum. Er hatte sie gebeten, ihre eigenen Prozesse nicht mit denen von Ray zu vergleichen. Sie spürte eine erneuerte Verbindung zu ihm. Auch spürte sie viel Heilung in der Gegenwart der Hunde, obwohl sie schon vor Jahren gestorben waren. »Sie sind eine Brücke zwischen uns. Sie sind da, um die Liebe hervorzubringen.«

***

Mein Vater hat eine Operation. Ich selbst bin von dem Ort, an dem sie vorgenommen wird, weit entfernt. Ich schaue auf die Uhr und sehe, dass die Zeit seiner OP sich nähert. Ich will betend und unterstützend zu seiner Seite sein, während er sich der Anästhesie und dem Eingriff unterzieht. Ich mache ihn mir in meinem Herzen und meinem Geist bewusst und schließe meine Augen, um den Zwischenraum zwischen uns zu »besuchen«.

Verschiedene Landschaften ziehen an meinem inneren Auge vorüber, aber keine bleibt. Ich werde mir einer langen, steinernen Bank bewusst. Die Atmosphäre ist die eines Parks oder eines öffentlichen Ortes, es ist Frühling, die Bäume blühen. Als ich mich umschaue, sehe ich eine Marmorstatue mit Pfeilern. Ich erkenne das Lincoln-Memorial in Washington DC. Das Washington-Denkmal ist mir nur vage bekannt. Ich sehe Erinnerungen, wie ich die Hauptstadt meines Landes mit meinem Vater besuche; als Kind und auch als Erwachsene. Ich liege auf der sonnengewärmten Bank und denke sehr stark an meinen Vater. Er war viele Jahre Lehrer für Geschichte und Politik, und dieser Ort scheint als unser Zwischenraum sehr stimmig zu sein.

Ich werde mir seiner Güte bewusst und seines Gerechtigkeitsempfindens, seines Humors und seiner offenen Freundlichkeit. Ich bin dankbar, dass er mein Vater ist, und flüstere diese Dankbarkeit an den Ort. Ich bin mir der Verwundbarkeit während einer Anästhesie bewusst und bete für ihn. Ich bete dafür, dass er während der Operation sicher und behütet sein möge; dass die Ärzte, Krankenschwestern und Betreuer tüchtig und vorsichtig sind, dass sein Körper mit Gesundung antwortet und dass sein Leiden so gering wie möglich sei. Vor allem danke ich für sein Leben, wie es gewesen ist, wie es ist und wie es sein soll.

Ich erhebe mich von der Bank und stelle mir vor, wie sie für seine Operation vorbereitet wird. Ich nehme Salbei und zünde ihn an, räuchere die Bank in einem indianischen Ritual und bereite so einen heiligen Ort. Ich stelle mir vor, wie er während des Eingriffs von seinen Begleitern und Engeln gehalten wird, auch wenn ich sie nicht kenne. Ich bin mir meiner Liebe zu ihm zutiefst bewusst.

Ich fühle mich nach diesem »Besuch« vor der Operation in unserem Zwischenraum im Frieden. Ich habe das Gefühl, dass ich getan habe, was ich kann.

Beziehungsreisen in den Zwischenraum

✦ Bereite dich auf die Reise vor. Bitte deinen Verstand, loszulassen.
✦ Schütze den Raum. Bete.
✦ Entspanne deinen Körper. Beruhige deinen Geist (Erde-Luft-Atem-Körper).
✦ Mache dir die Beziehung, die du erforschen möchtest, im Geist und Herzen bewusst. Fokussiere dich auf den Gedanken an euch beide.
✦ Bitte euren Zwischenraum, auf deiner Reise Form anzunehmen.
✦ Werde empfänglich. Beobachte alles in deiner Bilderwelt.
  - Nimm die Beschaffenheit und Eigenschaften eures Zwischenraumes wahr.
  - Nimm Geräusche, Farben, Gerüche, Temperatur und Licht wahr.
  - Siehst du dich selbst dort? Wo bist du?
  - Finde genau den Platz, an dem du sein willst, und sei dort.
✦ Frage: »Was soll hier geschehen?«
  - Optional kann ein Dialog mit jemandem in dieser Szene angebracht sein, falls jemand dort ist und es sich richtig anfühlt.
  - Gestatte dir, völlig präsent und aufmerksam an diesem Ort zu sein, bringe dich in alles ein, was geschehen muss.
✦ Falls du mit speziellen Fragen gekommen bist, kannst du diese dem Zwischenraum stellen. Deine Fragen müssen sich an niemanden richten, nur zu dem Ort gesprochen werden, der zu dir gekommen ist.
✦ Gibt es etwas, das du der anderen Person gerne dort hinterlassen möchtest? Gibt es etwas, was sie dir dort hinterlassen hat?
✦ Danke dem Ort und jenen, die dort erschienen sind. Verabschiede dich auf eine Weise, die sich richtig für dich anfühlt.
✦ Nimm dir Zeit, in die äußere Welt zurückzukehren (Atem-Körper-Erde-Himmel).
✦ Du kannst deine Reise aufschreiben oder sie einfach wie einen Besuch betrachten, den du dem anderen abgestattet hast. Sei dir bewusst, dass du dorthin zurückkehren kannst. Halte dich an alles, was du während der Reise versprochen hast.

Reisen mit offenem Ausgang

Kapitel 20
Die vollkommen offene Imagination

Für das Eintauchen in die Innenwelt braucht man keinen besonderen Vorsatz oder ein vorher festgelegtes Ziel, damit es hilfreich und wirksam ist. Deine Innenwelt ist immer da und kann von sich aus die nötige Richtung einschlagen. Interessanterweise zeigt dir deine Innenwelt bei der offenen Imagination oft etwas, dessen du dir gar nicht bewusst warst. Regelmäßiges Üben der offenen Imagination hält das Zwiegespräch zwischen der Außen- und Innenwelt am Leben. Regelmäßige innere Besuche können dir helfen, auf die tieferen Ebenen der Wahrnehmung und des Gewahrseins eingestimmt zu bleiben.

Bei dieser Form der Imagination wird das starre Gerüst, welches beim besonderen Ort oder dem inneren Freund genutzt wird, umgangen (falls die Reise selbst dich nicht dorthin führt). Während du ruhig in Geist und Körper wirst, kannst du denjenigen oder das rufen, wen oder was du zum jetzigen Zeitpunkt am meisten brauchst. Die Kontrolle wird an die Weisheit in dir abgegeben, während du Bilder einlädst, zu erscheinen. Von diesem Punkt an hilft die Formel der fünf wesentlichen Zutaten, um dich durch die Reise zu begleiten.

Für diejenigen, die eine Leidenschaft für Innenreisen haben, und für jene, die mit Imagination arbeiten und sie regelmäßig ausüben, ist diese Art von Innenreise sehr gängig. Es liegt großes Vertrauen in dem Schritt, die inneren Reiche zu betreten und zu sagen: »Was willst du mir zeigen?« und »Was ist jetzt für mich wichtig?«

Aufnahmebereitschaft und die Fähigkeit zuzuhören werden stetig verfeinert, während sich das Unbekannte in dir entfaltet. Manchmal hast du keine Ahnung, wohin die Reise führt, und Geduld, Vertrauen und Aufmerksamkeit sind nötig, damit die Bilderwelt ihren Weg zur Ganzheit finden kann.

Die offene Imagination bringt dich zu den Bildern, von denen dein Innerstes weiß, dass du sie brauchst. Die Bilderwelt kommt aus deiner Seele. Ich versuche, dessen eingedenk zu sein, wenn ich mich auf Reisen mit offenem Ausgang begebe. Ich werde hingebracht, wo ich sein soll, und der Inhalt wird von meiner tiefsten Tiefe bestimmt. Du wirst eine Zielgerichtetheit bemerken, wenn du mit dieser Art der Innenreise arbeitest. Das tiefere Selbst hat eine bestimmte Absicht und wird dich zu den Geschichten und Bildern führen, die dich wieder herstellen, stärken und aufbauen.

Geschichten aus dem Land der weit offenen Bilderwelt

Frederica ist 50 und eine meisterliche Körpertherapeutin. Sie ist von der Ostküste in die Rocky Mountains gezogen. Sie ist eine erfahrene »Reisende« und kennt sich mit Imagination aus. Vor ihrer Sitzung spricht sie darüber, dass sie wegen ihres Gewichts und ihrer Eheprobleme eine Blockade verspürt, einen Morast, den sie scheinbar nicht durchqueren kann. Sie ist diese Probleme mit Hilfe traditioneller und alternativer Methoden angegangen und wendet sich nun für eine Klärung an ihre Bilderwelt. Sie geht auf eine vollkommen offene Innenreise und ruft dasjenige, das kommen soll. Hier ist ihre Reise.

Ich schließe meine Augen und sehe den Berg, den ich jeden Tag ansehe. Mein Geist geht direkt in das Herz des Berges, und ich spüre, wie der Berg tief in der Erde ruht. Ich empfinde seine nahe Gegenwart als einen Segen. Ich denke an den Konflikt, der manchmal in meiner Ehe auftaucht, der Streit wegen unseres außergewöhnlichen Lebens hier. Der Berg tut das als unwichtig ab.

Ich bin mir der metaphorischen Bedeutung dieses Berges und seiner Stabilität gewahr. Ich spüre mein eigenes Inneres. Nur weil es ein wenig unsicher war, heißt das nicht, dass es nicht da war. Ich habe das Gefühl, als würde der Berg sein Obsidian-Herz mit mir teilen; als würde er es mir durch die Erde, auf der ich lebe, zur Verfügung stellen. Ich spüre die Stärke des Berges in meinem eigenen Inneren, als wäre sie in mich eingedrungen.

Der Berg hat ein strahlendes Lächeln in seinem Gesicht. Er sagt mir, dass jeder seine eigene Beziehung zu ihm hat. Er kann mit allen umgehen. Meine Beziehung zu ihm ist einzigartig und nur für uns beide bestimmt.

Ich sehe das Bild eines runden Salzkräckers und erinnere mich an meine Beziehung zu Kohlenhydraten und daran, wie ich sie nutze, um den Hunger in mir zu stillen. Ich höre eine Botschaft, die mir sagt, ich solle mehr Mineralstoffe zu mir nehmen und nach draußen gehen und die Erde berühren.

Der Berg ist mein Geliebter, aber auf eine mir bisher unbekannte Weise. Ich sehe das Bild eines wunderschönen aus Türkisperlen bestehenden Gürtels, von weißen und orangefarbenen Perlen gesäumt. Er ist mein Geschenk vom Berg. Ich spüre inneren Widerstand. Trotzdem ziehe ich ihn an, lege ihn mir um die Taille; um das Körperteil an mir, das ich am wenigsten mag. Er ist wunderschön. Es fühlt sich seltsam an, beschenkt und geschmückt zu werden. Meine Hände erheben sich in Richtung des Berges. Ich sehe ein Stück rote Koralle in meiner Hand. Ich will dem Berg etwas aus dem Meer geben. Er nimmt es an.

In meinem Kopf rast es. Das sage ich dem Berg. Er gibt mir ein weiteres Geschenk, ein Band mit weißen Perlen. Es passt um meinen Kopf. Ich fühle mich gekrönt. Ich kann ihm alles geben und werde ein Geschenk und einen Segen zurückbekommen. Mein Körper ist überwältigt.

Mir wird gesagt, dass ich etwas Weißes finden und es in meiner Nähe aufbewahren soll, ein weißes Gefäß. Mir wird gesagt, dass ich ein paar Perlen hineintun soll, blaue, orangefarbene und weiße. Mir wird gesagt, dass ich jeden Tag mehr Perlen hineintun soll, als Symbol für die Geschenke, die zu mir kommen…

Frederica war sich nicht sicher, was ihre Reise bedeuten sollte, aber sie vertraute ihr und nahm sie an als das, was sie brauchte. Das Element Erde kam zu ihr, und sie erlaubte ihm, es zu tun. Ein tiefer, weiser Teil von ihr hat auf diese Bilder zugegriffen, und sie würde deren Integration zulassen.

Frederica hatte genug mit der inneren Welt zusammengearbeitet, um zu wissen, dass sie die Wahl hatte, ob sie dieser Reise folgen wollte. Sie konnte sich entscheiden, die Bilderwelt lebendig zu erhalten und in ihre wachen Stunden hineinzuweben oder sie schlafen und aus ihrem Bewusstsein heraussickern zu lassen. Sie konnte sie annehmen, indem sie sich ihrer erinnerte, und tun, was von ihr erwartet wurde, indem sie häufig dorthin zurückkehrte. Sie konnte sie aber auch von sich weisen. Von ihrer Entscheidung hing es ab, ob die Lehren der Bilderwelt ihr beim Vorankommen helfen würden.

Ein paar Wochen nach dieser Reise habe ich Fotos und einen Brief von Frederica erhalten. Sie hatte eine Schale aus weißem Ton gemacht und tat täglich ein paar Perlen hinein, während sie betete und ihre Dankbarkeit ausdrückte und ihr Gewahrsein auf die Botschaft des Berges richtete. Ich gebe hier eine Stelle aus ihrem Brief wieder:

»Vielleicht passt diese Reise zu dem Thema, welches mich die letzten Jahre beschäftigte – mein Glaube, dass meine Gaben nur für andere sind und nicht für mich selbst. Dass ich mich bis zur Erschöpfung aufreiben muss, um andere am Laufen zu halten – und ich lerne, aus Stärke und Erdung heraus für andere da zu sein, anstatt aus reinem Überlebenstrieb, welcher sich zerstörerisch auf meinen Körper und meine Seele auswirkt. Meine Gaben der Liebe, Kreativität und Weisheit sind für andere da, aber ich nutze sie nicht für mich selbst.

Durch diese innere Einstellung ist meine Fähigkeit zu empfangen in etwa so entwickelt wie meine Fähigkeit, mich zu einem Berg in mir selbst in Beziehung zu setzen. Er ist auf keiner Landkarte. Ich kann es tun, aber ich habe kein Programm, welches das unterstützen würde, und so befinde ich mich auf einem Gebiet, das Vertrauen und die Fähigkeit erfordert, ohne Werkzeuge ins Nichts hinauszugehen – in diesen wunderbaren Randbezirk, in dem es wichtig ist zu atmen, so, wie die Erde stillhält, bevor die volle Blütenpracht aufbricht; und wir müssen über das Atmen nachdenken, da es alles ist, was wir dort tun können. In der Zwischenzeit fülle ich Perlen in die Schale und denke an den Berg, der als Geliebter zu mir spricht.«

***

Sally ist 46. Sie ist verheiratet, ihre Kinder sind noch zu Hause. Sie ist zum ersten Mal in ihrem Leben glücklich mit ihrer Karriere. Sie hat schon früher Innenreisen mit bestimmten Absichten unternommen, jetzt will sie ihre Bilderwelt nur einfach so besuchen. Es gibt Herzensdinge und Fragen in ihrer Beziehung, aber sie will der Bilderwelt vertrauen und ihr überlassen, was ansteht. Hier ist ihre Reise:

Als ich meine Augen schließe, sehe ich einen alten weißen Ziegenbock auf einer Bergspitze. Er wendet sich mir zu, sein Bart sticht hervor und seine Augen leuchten. Ich begrüße ihn und frage, ob er eine Botschaft für mich hat. »Komm und schau«, sagt er. Ich stelle mich neben ihn, und wir blicken über ein bewohntes Tal. Gebäude, Straßen und Wasserflächen sind zu sehen. Ein Kirchturm überragt die anderen Gebäude, und meine Aufmerksamkeit richtet sich darauf. Gerade als ich ihn anschaue, höre ich die Kirchturmglocken läuten. Alles ist still, als Ziegenbock mich anschaut. »Was sagen die Glocken?« fragt Ziegenbock. Ich lausche. Ich höre die Glocken acht Mal läuten. Ihr Klang schallt über das Tal und erreicht mühelos den Ort, an dem ich mich befinde, die Bergspitze. Ich bin acht Jahre alt. Ich sitze hier mit Ziegenbock und trage ein Kleid, das meine Mutter genäht hatte. Irgendwie sehe ich mein erwachsenes Selbst neben diesem kleinen Mädchen, das auch ich bin. Ziegenbock ignoriert das erwachsene Ich und spricht zu dem kleinen Mädchen. »Was bewegt dich?« fragt er das Kind. Ich lausche, während das Kind dem Ziegenbock erzählt, dass es Angst hat. Es erzählt ihm, dass es nicht erwachsen werden will und ihm bange ist. »Wovor hast du Angst?« fragt Ziegenbock. »Ich habe Angst, dass es zu schwierig wird und dass ich es nicht richtig mache.« Ziegenbock ist einen Augenblick still und streicht tatsächlich über seinen Bart! »Sag das der Lady«, sagt er. Das kleine Mädchen wendet sich dem erwachsenen Ich zu und gesteht seine Angst vor der Schwierigkeit des Erwachsenwerdens. Ziegenbock sieht mich an und sagt nichts, aber er nickt mit dem Kopf. Ich nehme das Kind in meine Arme. Ich sehe es an und sehe meine eigenen Kinder. Ich sehe das Kind, das ich einst war. Ich sage ihm, dass es mich ansehen soll. Ich sage ihm, dass ich glücklich bin und dass Gott mir große Geschenke gemacht hat, die ich nie erwartet hätte…

Es zeigt mir einen Fleck auf seinem Kleid, wo es etwas verschüttet hat. Ich sage ihm, dass es sich keine Sorgen machen muss. Dinge werden schmutzig, das gehört dazu. Ich höre mich ihm sagen, dass die schönsten Dinge im Leben für gewöhnlich etwas schmutzig sind. Ich nehme seine Hand und spüre, wie seine warmen kleinen Finger die meinen umschließen. Ich schenke ihm meinen Segen. Es sagt, es will bei mir bleiben, und wir blicken Ziegenbock ratsuchend an. Er setzt sich zwischen uns. Das kleine Mädchen klettert unter seinen Vorderbeinen hindurch auf meinen Schoß. Ich versichere ihm meinen Schutz. Ich sage ihm, dass es bei mir bleiben kann. Ich heiße es willkommen. Wir fragen Ziegenbock, ob noch etwas geschehen soll. Er legt sich hin. Er will, dass wir seinen Rücken berühren, was wir tun. »Ihr seid beide so gut«, sagt er. Wir schauen auf die Zivilisation unter uns.

Ich halte das kleine Mädchen, das mein jüngeres Ich ist, auf meinem Schoß und danke ihm für sein Kommen. Ich spüre, wie sich mein Herz für alle Kinder öffnet. Ich küsse es auf den Kopf und tätschle den Ziegenbock, während ich mich von dem Ort verabschiede, an dem diese Reise stattgefunden hat, und bedanke mich bei ihm.

Sally war überrascht von dem, was sich ihr gezeigt hatte. Sie wunderte sich über die Zeit, weil die Zeit in der Imagination eine andere Form angenommen zu haben schien. Sie spürte, wie sich ihr Segen rückwirkend auf ihre Jugendjahre auswirkte, und sagte, dass sie, nachdem sie von der Reise mit ihrem jüngeren Selbst zurückgekehrt war, eine neue Verletzlichkeit und Ganzheit verspürte. »Ich wäre nie darauf gekommen, dass es das war, was ich brauchte«, sagte sie. »Aber genau das war es.«

Vollkommen offene Imagination

- ✦ Schütze den Raum. Bete.
- ✦ Beruhige deinen Geist, entspanne deinen Körper. (Erde-Luft-Atem-Körper)
- ✦ Richte dich auf dein inneres Gewahrsein. Rufe herbei, wer oder was zu dieser Zeit am wichtigsten für dich ist, oder bitte es, sich zu zeigen.
- ✦ Begrüße den- oder dasjenige, was zu dir kommt. Danke für sein/ihr Erscheinen.
- ✦ Frage: »Warum bist du gekommen?«, »Hast du eine Botschaft für mich?«
- ✦ Gestatte dem Gespräch und der Bilderwelt, sich zu entfalten und sich dir zu zeigen.
- ✦ Frage die Bilder, die gekommen sind, ob sie irgendetwas von dir brauchen.
- ✦ Frage, ob noch irgendetwas geschehen muss.
- ✦ Vertiefe deine Beziehung mit der Bilderwelt auf jede Weise, die sich passend anfühlt (du kannst mit einem Bild verschmelzen, Fragen stellen, ehrliche Gefühle teilen…).
- ✦ Bevor du dich verabschiedest, frage, ob noch etwas geschehen soll.
- ✦ Verabschiede dich und zeige deine Dankbarkeit auf eine Weise, die sich richtig anfühlt.
- ✦ Kehre zu voller Bewusstheit in die äußere Welt zurück. (Atem-Körper-Erde-Luft)
- ✦ Schreibe deine Reise auf.
- ✦ Notiere dir alle Handlungen, zu denen du aufgefordert wurdest. Finde Wege, die Reise in die reale Welt zu integrieren. Halte alles ein, was du zu tun versprochen hast.

Kapitel 21

Wenn es auf die Zeit ankommt

Sorgfältige Vorbereitung kann helfen, ein starkes Gerüst zu bauen, in dem die Reisen für dich stattfinden können, aber der Luxus, genügend Zeit zu haben, ist nicht immer gegeben. Manchmal musst du deine Kräfte und dein volles Potential ganz schnell und ohne Vorbereitung sammeln. Manchmal geht es im Leben so schnell, dass man keine Zeit hat, den Lärm der Welt durch das Nach-innen-Wenden abzupuffern und auszugleichen. Und doch ist es in vielerlei Hinsicht ganz sicher ein Fehler, die Stimme aus der Tiefe des Selbst zu ignorieren. Wenn wir uns angewöhnen, in Verbundenheit mit den tiefen Rhythmen unserer Seele zu bleiben, trägt uns das durch die Geschäftigkeit, das Durcheinander und die Zeiten des Wachstums zu weit mehr, als du dir vorstellen kannst. Jeden Tag wird von uns im Großen und im Kleinen verlangt, »der Lage gewachsen zu sein«. Die innere Bilderwelt ist dabei ein wundervoller Helfer.

Ein oder zwei Minuten sind alles, was wirklich notwendig ist, um das Geplapper des Geistes abzuschalten und ein Bild zu Hilfe zu rufen. Ich nutze die Formel des Atem-Erde-Bildes. Ich bin mir sicher, dass es viele andere Wege gibt, und vielleicht findest du auch deinen eigenen Weg, in kurzer Zeit den inneren Ort der Bilderwelt zu erreichen. Ich werde diese Formel (Atem-Erde-Bild) mit dir teilen, weil ich sie als hilfreich erachte und sie auch für viele andere funktioniert hat. Der Schlüssel ist, deine innere Mitte zu finden und das Bild aus diesem Ort hervorzurufen. Viele unterschiedliche Methoden lehren verschiedene Wege, um tief in die Stille des Seins einzutreten.

Das ist die schnelle Tour!

Schnell ein Bild rufen

Wenn du dich für einen Moment von der Welt abschirmen kannst, wirst du merken, dass Privatsphäre hilfreich ist, wenn auch nicht notwendig. Gehe auf die Toilette, in ein ruhiges Zimmer oder schließe einfach die Tür hinter dir. Und selbst wenn das nicht möglich ist, drehe dich unbemerkt von den anderen weg und schließe die Augen. Wenn du auch das nicht tun kannst, richte mit geöffneten Augen deine Aufmerksamkeit für einen Moment nach innen.

Beginne mit der Formel aus Atem und Erde. Beginne mit dem Atem. Richte deine Aufmerksamkeit auf einen vollständigen Atemzyklus: Einatmen und Ausatmen. Ein Gebet kann den Atem begleiten. Das dauert nur ein paar Sekunden. Schenke diesem Atemzyklus deine volle und ganze Aufmerksamkeit. Atme tief und gleichmäßig ein und aus. Richte dann deine Aufmerksamkeit auf deine Füße auf dem Boden. Dies wird dir helfen, dein Bewusstsein auf deinen Körper und auf die Erde unter dir zu richten. Spüre die Stelle, an der deine Füße den Boden berühren. Stelle dir vor, wie die ganze Erde unter dir liegt. Auch das dauert nur ein paar Sekunden. Nun ist es an der Zeit, ein Bild zu rufen. Tue dies, und akzeptiere das, was kommt. Das Wissen, warum ein bestimmtes Bild erscheint, oder das Verstehen, wie es dir helfen wird, ist nicht wichtig. Nimm dir eine Minute und empfange das Bild und seine Einzelheiten und seine Energie. Danke dem Bild und kehre in die Umgebung oder Situation zurück, während du das Bild tief in dich einatmest und es einen Teil von dir werden lässt.

Diese Art der Imagination schließt einen Dialog für gewöhnlich aus, weil keine Zeit dafür ist. Du lässt das Bild einfach Teil von dir werden; du wirst danach fast unmerklich verändert sein. Die Energie des Bildes ist jetzt Teil deiner bewussten Ebene. Das Bild kann, der Situation entsprechend, deine Haltung, deine Stimme, deine Körpersprache und dein Verhalten beeinflussen. Es kann dir Stärke, Mut, Perspektive und jede Menge anderer Qualitäten geben, die speziell für deine Situation maßgeschneidert sind.

Der Dichter und Schriftsteller David Whyte spricht in seinem Buch »The Heart Aroused«, herausgegeben von Currency Doubleday, beredt über das erscheinende Bild. Hier sind seine Worte:

»Das Herbeirufen innerer Bilder mag wie eine Schilderung erstaunlicher seherischer Kräfte erscheinen, aber in Wahrheit ist es der einfache Prozess der Enthüllung von etwas, das unsere tiefe Psyche bereits weiß. Der tieferen Psyche, oder der Seele, wird der Raum gegeben, ihren Weg zu finden, und so kann sie die passenden Bilder in der Außenwelt an ihrem zugehörigen Platz erkennen. ›Das ist es‹, scheint die Seele zu sagen. So sieht es von hier aus aus…

…wichtig ist, das Bild nicht überzuinterpretieren… Wir geben ihm zu viel Gewicht und sagen zu schnell, dass es dies oder jenes bedeuten muss. Der wichtigste Punkt ist, mit dem Bild zu leben… und es seinen Zauber an uns wirken zu lassen.«

In demselben Werk gibt uns David Whyte das folgende Beispiel von Imagination bei einer Geschäftsverhandlung:

»Das Bild wird nicht nur ein Vorgehen empfehlen, sondern uns auch sagen, wie wir *sein* sollen, wenn wir die entsprechende Strategie verfolgen. Es kann das Bild… eines Bullen sein, das uns sagt, dass wir uns in den Boden stemmen und unseren Kopf senken sollen… wir können das Bild der gesenkten Hörner vor unserem geistigen Auge bewahren, auch während wir mit unserem Gegner sprechen. Es ist bemerkenswert, wie viel Kraft das Bild in unsere Stimme legen kann.«

Beispiele von kurzen Innenreisen

Rita hat Angst vor dem Fliegen. Sie hat schon auf viele Arten mit ihrer Flugangst gearbeitet, aber wenn es darum geht, ein Flugzeug zu besteigen, braucht sie Hilfe, die Gangway zu durchschreiten. Hier ist die Reise, die sie in diesem schwierigen Moment unternommen hat:

Ich nehme einen tiefen Atemzug, und meine Füße spüren den Boden unter mir. Ich bitte um ein Bild. Was ich sehe, ist ein kleiner Bär, ein Koala, der mit den Pfoten einen Baumstamm umklammert. Er ist weit oben in der Luft, aber hält sich ganz ruhig fest.

Ich steige in das Flugzeug und setze mich. Ich bewahre das beruhigende Bild wie ein Kind ein Plüschtier hält! Ich schaue aus dem Fenster des Flugzeugs und traue meinen Augen kaum. Ich kann einen Quantas-Jet zu meiner Rechten die Landebahn entlangfahren sehen. Er ist mit den Symbolen Australiens versehen, der Heimat des Koalas! Dies bestätigt mir, dass meine Reise durch den Himmel gut verlaufen wird. Ich betrachte es als Omen! Obwohl ich noch immer nervös bin, spüre ich, wie sich etwas in mir beruhigt.

Rita hat noch immer Flugangst, aber sie lässt sich dadurch nicht abhalten zu fliegen! Sie besitzt jetzt einen kleinen Stoffkoala, den sie auf Flügen als Glücksbringer und zur Beruhigung mitnimmt. Der kleine Stoffbär erinnert sie an die Botschaft, die sie aus ihrer Tiefe empfangen hat, von einem Ort, der ihr geholfen hat, ihre Ängste zu überwinden.

***

Es ist der erste neue Schultag für meine Töchter, die nun in die dritte und sechste Klasse kommen. Der Sommer war sehr ausgefüllt, und ich hatte nicht die erhoffte Zeit, um das neue Schuljahr und ihre diesbezüglichen Gefühle mit ihnen zu besprechen. Während sie sich an diesem ersten Morgen eilig für die Schule fertig machen, beschließe ich, die Mädchen durch eine kurze Innenreise zu führen, während wir zur Bushaltestelle laufen.

Hier sind ihre Geschichten der kurzen Innenreise:

Ich bitte Lyssie (6. Klasse), ihre Augen zu schließen und ein Bild zu rufen, das ihr in der 6. Klasse helfen wird.

Sie sieht einen Elefant, der sagt: »Erinnere dich, du bist Lyssie. Du bist besonders. Das Leben geht weiter…«

Ich bitte sie, das Bild und die Worte einzuatmen. Das tut sie.

Dann wende ich mich an Marina (3. Klasse). Ich bitte sie, ein Bild zu rufen, das ihr durch die 3. Klasse helfen wird.

Sie sieht einen kleinen Panda. Er sagt ihr: »Was auch immer passiert, alles wird gut. Mrs. Summers wird es nicht übelnehmen.«

Sie lächelt, als sie das Bild einatmet. Ich konnte es beinahe in ihrem Körper landen hören!

Diese Bilder begleiteten meine Töchter durch das ganze Schuljahr. Ich habe Bilder von ihren Tieren gefunden, ihre Botschaft auf Postkarten geschrieben und ihnen gegeben, damit sie sie in ihr Leben integrieren. Ich weiß, dass die Bilder sie auf einzigartige Weise durch ihr Jahr begleitet haben. Ich habe beide Botschaften nicht ganz verstanden, aber das ist in Ordnung, weil sie sie verstanden haben. Ich frage mich oft, ob die Botschaften nicht vielleicht Ängste reflektierten, derer sich beide Kinder selbst nicht bewusst waren und die sie deshalb nicht ausdrücken konnten. Die Übung, ein Tier herbeizurufen, welches sie durch das Jahr begleitet, ist in unserer Familie inzwischen ein festes Ritual für den ersten Schultag.

***

Cindy ist Fotografin und eine vielbeschäftigte Mutter Ende dreißig. Sie befindet sich mitten in einem sehr geschäftigen Monat mit einem prall gefüllten Terminkalender und beschreibt sich selbst als »stark unter Druck«. Nach einer kurzen Entspannungsübung durch Atmung und Verbindung zur Erde ruft sie nach einem Bild. Hier ist, was sie sieht:

Ich sehe einen großen Vogel. Er fliegt. Eigentlich gleitet er eher. Ich höre das Wort: »Akzeptiere.«

Eine Woche später sprach ich mit Cindy. Sie sagte, sie habe ihr Vogel-Bild sehr genossen. Sie sah ihn »graziös herumfliegen, auf einer Brise gleiten, die Gegend unter sich beobachten... während er überlegte, auf was er sich stürzen und was er lieber außer acht lassen sollte!« In Bezug auf ihren vollen Terminkalender beschrieb sie sich als »die Umgebung unter Kontrolle... und entspannt.«

***

Kate ist Musikerin und Anfang sechzig. Sie hat Angst davor, »sich mit dem Finanzamt auseinandersetzen zu müssen, und vor Dingen, die ähnlich unangenehm sind«. Sie freut sich über die Vorstellung, ein hilfreiches Bild herbeizurufen. Sie nutzt die Atem-Erde-Bild-Formel, schließt ihre Augen und ruft ein Bild. Dies ist was sie erlebte:

Ich sehe einen Wasserbüffel mit dicken, großen Hörnern. Das Tier selbst ist völlig gelassen und sehr stark. Von meinen Reisen weiß ich, dass dieser Büffel mit den großen Hörnern besonders verehrt wird.

Als ich Kate das nächste Mal sah, hat sie mir erzählt, dass sie das Bild des Wasserbüffels häufig in schwierigen Zeiten vor ihr inneres Auge geholt hat. »Ich habe mir vorgestellt, wie ich zielstrebig und kraftvoll, langsam und anmutig, geehrt und atmend durch die stressigen Angelegenheiten schreite.«

Deine kurze Innenreise

- ✦ Finde einen Ort, an dem du einen Moment für dich hast. Falls das nicht möglich ist, wende dich für einen Moment von anderen ab. Schließe deine Augen, wenn das unbemerkt möglich ist.
- ✦ Nutze die Formel »Atem-Erde-Bild«:
  - Nimm einen tiefen, bewussten Atemzug, richte deine Aufmerksamkeit auf das tiefe Ein- und Ausatmen.
  - Richte deine Aufmerksamkeit auf deine Füße auf dem Boden. Spüre die Unterstützung der ganzen Erde unter dir.
  - Rufe ein hilfreiches Bild aus deinem Inneren.
- ✦ Empfange das Bild, das zu dir kommt. Nimm die Einzelheiten und seine Energie wahr. Atme dieses Bild in dich ein, lasse es einen Teil von dir werden.
- ✦ Danke dem Bild.
- ✦ Nimm einen tiefen Übergangs-Atemzug, während sich deine Aufmerksamkeit wieder auf die gegenwärtige Situation richtet. Die Energie des Bildes wird dich begleiten.

Überlegungen zum Schluss

Kapitel 22

Die An- oder Abwesenheit eines Begleiters

Vielen Menschen mag es schwerfallen, den Fokus und die Aufmerksamkeit zu halten, die vonnöten sind, um bei der Bilderwelt zu bleiben, während sie sich auf der inneren Leinwand entfaltet. Diese Schwierigkeit ist normal und kann durch Übung und geduldige Disziplin überwunden werden. Ein ausgebildeter Begleiter ist nicht zu jeder Zeit, in der eine Innenreise nötig wäre, verfügbar, also ist es wundervoll, wenn du dich selbst begleiten kannst. Die Absicht des Buches ist es, dir diese einfachen Werkzeuge an die Hand zu geben, die es dir ermöglichen, dich selbst zu begleiten.

Wenn du die Möglichkeit hast, mit einem Begleiter zu reisen, wirst du sehen, dass der Reiseverlauf vollständiger wird, mit mehr Raum für Tiefe und Ausrichtung. Ich werde über beide Arten der Innenreise sprechen, Innenreisen mit und ohne Begleiter.

Innenreisen mit Begleiter

Gute Reisebegleiter werden dir einen geschützten Raum zur Verfügung stellen. Sie werden deine Verbindung mit der Bilderwelt aufrechterhalten. Es wird mit der Hilfe eines Begleiters einfacher sein, den Fokus zu halten. Dein inneres Wesen kann voll in das Geschehen eintauchen, weil der Begleiter, in übertragenem Sinne, die Tür aufhält und über dich wacht.

Viele Berater und Therapeuten haben die Fähigkeit, dich zu begleiten. Ich gebe am Ende des Buches Hinweise auf Organisationen, die dich an erfahrene Begleiter weitervermitteln können. Diese Art von Innenreise kann »interaktive Imagination«, »Tiefenimagination«, »Tier-Imagination«, »persönliche Imagination« oder »Totempfahlprozess«™ genannt werden.

Wenn du Schwierigkeiten hast, einen Begleiter in deiner Nähe zu finden, sind manche von ihnen auch bereit, dich über das Telefon zu begleiten. Finde jemanden, der dich mit deiner Bilderwelt verbunden hält, jemanden, der dir keine Meinungen aufdrängt oder in die Richtung eingreift, die die Reise nimmt. Vertrauen zwischen dir und deinem Begleiter ist unabdingbar. Du hast sowohl das Recht als auch die Verantwortung, mit deinem Begleiter darüber zu sprechen, wie er mit dir arbeiten wird.

Wenn du einen Begleiter zur Hilfe holst, nimm dir Zeit, dich vorzubereiten, bevor du dich mit ihm oder ihr triffst. Denke nicht, dass dein Begleiter dir die Zeit geben wird, einen geschützten Raum zu schaffen, zu beten und dir zu helfen, dich mit deinen inneren Rhythmen zu verbinden. Dies kannst du bereits vorher tun. Selbst wenn etwas Zeit zwischen deiner individuellen Vorbereitung und deiner begleiteten Reise liegt, ist frühzeitige Vorbereitung noch immer besser, als ins kalte Wasser zu springen. Eigeninitiative wird auch nach deiner Reise wichtig bleiben. Vielleicht wird dein Begleiter dir Wege vorschlagen, deine Reise in dein Leben zu integrieren, nachdem sie vorbei ist, aber davon kannst du nicht ausgehen.

Integrative Arbeit (Kapitel 8), die du alleine ausführen kannst, wird die Brücke zwischen deiner Innen- und Außenwelt stärken und bereichern. Auf vielfältige Weise sorgst du auch in Gegenwart eines Begleiters für dich selbst. Stelle sicher, dass die wesentlichen Fragen gestellt werden. Wenn nicht, kannst du sie selbst auf deiner Reise stellen.

Einen vertrauenswürdigen Begleiter zu finden und sich in seine oder ihre Fürsorge begeben zu können, während du reist, ist eine beeindruckende Erfahrung. Ich hoffe, dass es dir möglich ist, wenn du es wünschst. Trotzdem ist es immer gut, sich auf die eigene innere Stimme zu verlassen und darauf zu vertrauen, dass das, was geschieht, auch geschehen soll.

Das trifft auf so vielen Gebieten zu. Auf dem Gebiet der Medizin findest du einen Arzt, dem du vertrauen kannst, aber du wägst trotzdem das, was er dir sagt, gegen das ab, was du bereits weißt und als deine Wahrheit erachtest. Auch auf den Gebieten von Religion oder Bildung ist es ähnlich, um nur ein paar zu nennen. Auf vielen Gebieten lernen die Menschen, lieber sachlich zu unterscheiden, anstatt blind den Autoritäten zu vertrauen. Das trifft auch auf deine Wahl eines Begleiters zu, der dir hilft, nach innen zu schauen und von deinen inneren Lehrern zu lernen.

Wenn dir ein ausgebildeter Begleiter nicht zur Verfügung steht und du einen Freund hast, dem du vertraust und der das »Rezept« und die Richtlinien dieses Buches kennt, kannst du auch versuchen, mit ihm oder ihr zu arbeiten. Vielleicht wechselt ihr euch auch mit Sitzungen ab. Wenn du das tust, versuche, objektiv zu bleiben. Unterlasse es, deine Meinung zu äußern und die Richtung zu beeinflussen, wenn du jemand anderen begleitest.

Erinnere dich, dass die Bilderwelt auch in dir ist, dass sie dir jederzeit zur Verfügung steht, ganz gleich, wo du bist, und dass du sie auch ohne einen menschlichen Begleiter betreten kannst. (Eine meiner Töchter unternimmt selbst Reisen und lässt sich von ihrem Herz-Tier begleiten!)

Innenreisen alleine

Manchmal, wenn ich nachts nicht schlafen kann, spüre ich, dass der Schlaf vor etwas in meiner Innenwelt flieht, das meine Aufmerksamkeit will. Ich richte dann meine Aufmerksamkeit nach innen und bitte ein Bild, sich zu zeigen. Das kannst du auch tun. Du wirst sehen, dass du mit dem »Rezept« ein Gefäß besitzt, das alles halten kann, was geschieht.

Wenn du deine Reise ohne Begleiter unternimmst, habe eine klare Vorstellung davon, welche Schritte du befolgen wirst. Diese Schritte werden dein Begleiter. Sobald du dich daran gewöhnt und Erfahrung mit der Innenwelt gesammelt hast, werden die Schritte zum zweiten Ich werden. Zu Beginn sei dir aber bewusst, aus welchem Grund du eine Reise machst und welche Schritte du befolgen willst. (Eine Ausfertigung des »Rezepts« vor dir liegen zu haben, wird dir die Schritte erleichtern.)

Versuche, dich nicht entmutigen zu lassen, wenn dein Geist nicht zur Ruhe kommt. Kehre einfach zur Bilderwelt zurück. Zu Beginn kann es sein, dass du dich mehrere Male wieder zurückholen musst. Dieser Vorgang wird dir helfen, dich besser auszurichten. Disziplin zeigt hier einen interessanten Gegensatz, denn während du dich disziplinierst, um bei der Bilderwelt zu bleiben, ist die Bilderwelt völlig frei, zu gehen, wohin sie möchte. Der denkende, flatternde Geist zieht dich von der Bilderwelt fort. Sag dir einfach, dass du zu ihr zurückkehren wirst. Das ist ganz natürlich, deshalb kannst du Gefühle des Versagens oder der Unfähigkeit beiseitelassen.

Kehre so oft zurück, wie du abschweifst, und beende die Reise, wenn du das Gefühl hast, dass sie beendet ist. Wenn Ablenkung ein Problem für dich darstellt, erinnere dich an Dinge, die hilfreich sein können, wenn du dich selbst begleitest, etwa, deine Reise aufzuschreiben, während sie geschieht, und Trommelrhythmen oder Musik im Hintergrund laufen zu lassen (siehe Kapitel 9).

Erinnere dich, dass die Reise nach innen um so einfacher wird, je öfter du mit deiner Bilderwelt arbeitest. Sie ist in dir und Teil von dir. Du bringst dir nichts Neues bei, sondern erweckst einen Teil in dir zum Leben, der bereits da ist, der vielleicht geschlafen hat. Bleibe mit der Bilderwelt verbunden. Je wohler du dich mit deiner Innenwelt fühlst und je mehr du lernst, ihr zu vertrauen, um so mehr wirst du dein Sein durch ein aktives und erfüllendes inneres Leben bereichern.

Kapitel 23

Imagination, um Kinder zu begleiten und ihnen zu helfen

Kinder lieben Innenreisen. Die Bilderwelt ist natürlich und lustig für sie. Die ganze Welt kommt auf verspielte und kreative Weise zu ihnen, und die lebhafte Vorstellung hilft ihnen, ihren Platz im Leben zu finden. Ein Kind kann große Freude an imaginativer Interaktion mit beinahe allem finden. Arbeit und Spiel sind nicht zu trennen, weil das Kind alles über das Leben durch seine Vorstellungskraft lernt. Die natürliche Fähigkeit der Imagination ist so stark bei Kindern, dass sie im Spiel so oft wie möglich ein Ventil sucht und ihnen so hilft, der Welt Sinn zu geben und ihren Platz darin zu finden.

Die Imagination eines Kindes ist so stark, dass sie nach einem Ventil sucht, was manchmal schiefgeht, wenn sie nicht auf hilfreiche und fördernde Weise angeleitet wird. Ein Beispiel gab es in der Stadt, in der ich lebe im ländlichen Pennsylvania. Ein Fünftklässler kam mit einer Sporttasche voller Waffen und Munition in die Schule. Er war militärisch verkleidet. Dieses tragische Bild endete mit einem Schuss auf sich selbst und Selbstmord. Geplant war, wie sich herausstellte, als seine Freunde interviewt wurden, weit mehr, aber das wurde zum Glück nicht ausgeführt. Später wurde offenbar, dass der Junge von einem bestimmten Videospiel, in dem es um Taktik und Waffen, Camouflage und Spionage ging, besessen war. Seine lebhafte Vorstellungskraft hatte sich verselbständigt, und als er sie in die Außenwelt trug, geschah die Tragödie.

Die Bilderwelt erweist sich als Instrument, mit dem die natürlichen Fähigkeiten eines Kindes, sich auf seine Imagination einzustellen, gefördert und unterstützt werden können. Diese gesunde Beziehung zur Vorstellungskraft kann Reichtum und Segen in das Leben eines Kindes bringen, wobei die innere Welt hilft, den starken Einfluss von Medien und Computerspielen, der im Leben der Kinder so verbreitet ist, abzumildern. Kinder können dann mit einem wertvollen Werkzeug in ihre Entwicklungsjahre eintreten, mit dem sie verstehen lernen, wer sie sind. Sie können die Gewissheit ihrer inneren Kraft in sich tragen, welche durch die Bilderwelt und ihre inneren Anlagen jederzeit verfügbar ist.

Wie viele andere Fertigkeiten, die sich ein Kind in jungen Jahren aneignet, so ist auch Imagination am besten durch das Tun erlernbar. Zur Schönheit der Reisen mit Kindern gehört das starke Gefühl echter Aufmerksamkeit, welche die Kinder von den Erwachsenen bekommen, die ihnen dabei helfen. Sie werden auf eine sehr verständnisvolle Art »gehalten«, während sie mit Erwachsenen auf Reisen gehen. Sie werden akzeptiert. Sie werden gehört, und jemand hört ihnen zu. Zugleich mit diesen äußeren Erfahrungen erforschen sie mit ihren Fähigkeiten ihre innere Welt und lernen, aus dem Fundus ihrer Weisheit zu schöpfen... und dort sind Tiere! Und Bäume und Trolle! Eine ganze Welt, erfüllt von kreativem Abenteuer!

Imagination ist auch die beste Art, das Kind kennenzulernen, mit dem man arbeitet. Alle Kinder sind einzigartig. Die innere Welt eines Kindes wird enthüllen, was gerade in ihm vorgeht. Manchmal haben Kinder Schwierigkeiten zu verstehen, warum sie sich durcheinander fühlen, und können es deshalb auch nicht gut ausdrücken. Ihre Bilderwelt wird ihnen helfen, mehr über sich selbst herauszufinden. Sie wird auch dir helfen, mehr über sie zu erfahren, so dass du ihnen angemessen helfen und sie unterstützen kannst.

Kindern bei der Innenreise helfen

Generell brauchen Kinder nicht dieselbe Vorarbeit zu leisten wie Erwachsene, wenn sie sich auf eine Reise vorbereiten. Sie sind schon bereit! Wenn sie Hilfe bei der Vorbereitung brauchen, genügt für gewöhnlich die Versicherung, dass du bei ihnen bleiben wirst. Erkläre, was ihr tun werdet, und versichere ihnen, dass du bei ihnen bleibst, während sie in sich selbst hineinschauen. Wenn sie angespannt sind, kannst du vorschlagen, dass sie ihren Körper entspannen; dass ihr Körper wie Wackelpudding oder nasse Nudeln ist! Wenn sie noch immer Hilfe brauchen, kannst du sie durch ihre Körper führen und sie ermutigen, jeden einzelnen Körperteil zu entspannen. Es kann hilfreich sein, zuerst dich selbst zu zentrieren, bevor du dem Kind hilfst, indem du deinen Geist beruhigst und dich mit deinem Atem und dem Körper verbindest. Wenn du dich mit einem Kind vor der Reise hinsetzt, kannst du fragen, ob es die Augen schließen möchte. Nötig ist das nicht. Häufig muss ein Kind die Augen nicht schließen, um eine Reise zu machen. Bitte es, seinem Atem zuzuhören, während es sich entspannt. Es kann sein, dass es das verrückt findet (ich bin mir nicht sicher warum, aber das ist meine bisherige Erfahrung!), aber das wird seine Erfahrung nicht beeinträchtigen. Fahre einfach fort. Zu Beginn ist es gut, dem besonderen Ort oder einem Herzens-Freund zu begegnen, welche das Kind in die Bilderwelt einführen können.

Lasse es sich an einem sicheren und besonderen Ort vorstellen, an dem es gerne ist. Lasse es dir erzählen, wo es ist. Stelle ihm Fragen: »Welche Farben sind um dich herum?«, »Welche Geräusche kannst du hören?«, »Ist es Tag oder Nacht?«, »Ist es warm oder kalt?«, und »Wo bist du an diesem Ort?« Schlage vor, dass es sich an diesem sicheren Ort entspannt, während es sich darauf vorbereitet, seinen Herzens-Freund zu rufen.

Bitte es, sich sein Herz vorzustellen. Es kann seine Hände darauf legen und einen Freund rufen, der es kennt und liebt. Lasse es wissen, dass es eine Pflanze, ein Tier, ein Mensch oder etwas anderes sein kann! Bitte es, dir zu sagen, was es ist, wenn das Kind es »sieht«. Wenn es dir das sagt, sag ihm, es soll »hallo« sagen und sich für das Erscheinen bedanken. Erinnere dich daran, dass deine Aufgabe ist, es mit seiner Bilderwelt verbunden zu halten, und nicht, deine eigene Meinung einzuwerfen (was nicht immer einfach ist!).

Lasse es seinen neuen Freund fragen, ob er ihm etwas zeigen oder sagen möchte. Nutze die einfache Formel der fünf wesentlichen Zutaten. Bitte das Kind, dir zu sagen, was ihm gezeigt oder gesagt wird. Wenn es nicht gut läuft, kannst du ihm sagen, dass es einen Helfer bitten kann, ihm beizustehen. Nutze die grundlegenden Elemente des Rezeptes, um dem Kind dabei zu helfen, sich mit allem, was da ist, zu verbinden. Schlage vor, dass es seinen neuen Freund fragt, ob er irgendetwas braucht. Wenn es für das Kind in Ordnung ist, soll es ihm geben, was er braucht. Lasse es seinen Herzens-Freund fragen, was geschehen soll, und ermutige es, das zuzulassen, wenn es bereit dafür ist. Eine schöne Art des Abschiednehmens ist es, zu fragen, ob der Herzens-Freund ein noch besserer Freund werden will. Lasse das Kind dem zustimmen, was gesagt wurde, und, wenn es dazu bereit ist, an der Vertiefung der Freundschaft mitwirken. Wenn es an der Zeit ist, sich zu verabschieden, schlage vor, dass die Verabschiedung auf eine Art stattfinden kann, mit der sich das Kind wohlfühlt.

Wenn du mit Kindern arbeitest, verbringe etwas Zeit mit ihnen, wenn die Reise vorbei ist. Manchmal wollen sie darüber reden, manchmal nicht. Es ist eine gute Zeit, sie wissen zu lassen, dass du sie liebst und für sie da bist. Hilf ihnen, Wege zu finden, sich an ihre Reise zu erinnern, vielleicht, indem sie etwas zeichnen oder ein Buch bekommen, das zu der Reise passt. Sie könnten ein Lied oder einen Tanz erfinden, der sie zurück in ihre Bilderwelt bringt. Erzwinge nichts, aber unterstütze alles. Es gibt so viele Wege, die Innenreise in die Außenwelt zu integrieren (siehe Kapitel 8 für Beispiele). Ermutige und unterstütze sie darin, ihren eigenen schöpferischen Ausdruck zu finden, um die Botschaften der Bilderwelt in ihr Leben zu holen.

Verschiedene Arten und Gründe, Innenreisen mit Kindern durchzuführen

Du brauchst keinen besonderen Grund, um Kinder in die Bilderwelt einzuführen. Die Aktivität selbst ist für gewöhnlich so natürlich und schön für Kinder, dass sie sie jederzeit genießen.

Die Reisen an den besonderen Ort oder zum Herzens-Freund sind immer angebracht, und das Bekanntmachen mit dieser Vorstellung in ruhigen Zeiten wird das Reisen in stressigen Zeiten erleichtern. Besonders hilfreich finde ich die Bilderwelt im Krankheitsfall oder bei einer Verletzung und wenn Kinder mental oder emotional aufgewühlt oder verwirrt sind und Unterstützung und Rat brauchen.

Bei körperlicher Krankheit oder einer Verletzung lasse ich Kinder das kranke oder verletzte Körperteil besuchen. Vielleicht führe ich sie erst an den besonderen Ort, was ihnen hilft, sich in ihrer Bilderwelt wohlzufühlen, dies ist aber nicht immer notwendig. Auf der Reise kannst du sie zu jedem Zeitpunkt bitten, ihren inneren Heiler herbeizurufen. Dann lasse ich sie den kranken oder verletzten Teil ihrer selbst als Bild rufen. So kann man offenlegen, welche Bilder sie im Hinblick auf das Geschehen in ihrem Körper und Geist tragen. Die Bilder, die kommen, sind häufig eine Sammlung dessen, was ihnen erklärt wurde und was sie verstanden haben, und dazu das Körperwissen des Kindes. Lasse die Kinder das verletzte oder kranke Körperteil fragen, was es braucht. Vielleicht sind sie sogar selbst in der Lage, ihm zu geben, was es braucht. Außerdem kannst du selbst nützliche Informationen erhalten, die bei der Behandlung genutzt werden können. Beinahe immer lasse ich die Kinder fragen, wie das Körperteil aussehen würde, wenn es stark und gesund wäre, wenn alles daran heil und funktionstüchtig wäre. Manchmal verändert es sich auch von einem Bild der Krankheit zu einem der Gesundheit. Du kannst fragen, was geschehen muss, damit diese Veränderung stattfinden kann, oder was zur Heilung geschehen muss.

Der helfende Heiler erleichtert das oft. Ich habe dieses Grundmuster für Reisen in vielen verschiedenen Situationen angewendet. Es bietet ein gutes Grundgerüst für die Bilderwelt und für die Heilung eines Kindes.

Wenn die Kinder in Panik sind, solltest du vielleicht die Reise für sie beginnen. Das hilft ihnen, sich zu beruhigen. Beginne damit, einen Ort zu beschreiben, von dem du weißt, dass sie ihn lieben. Bitte sie, so zu tun, als wären sie dort. Bitte sie, so zu tun, als wären dort auch »Helfer«, die ihre Körper heilen (eine meiner Töchter hat eine ganze Truppe Feen und Trolle, die in ihr leben und ihr bei allem helfen, was ihr physischer Körper erreichen muss). Bitte sie, zu »sehen«, wie die Heilung geschieht. (Zum Beispiel: Der Schmerz verschwindet, die Knochen wachsen wieder zusammen und so weiter.)

Das Alter und die Natur des Kindes spielen eine große Rolle für den Verlauf der Reise. Besonders bei emotionalen Problemen werden verschiedene Aspekte der Bilderwelt eine neue Bedeutungsebene erreichen. Das Körperbild ist den meisten Jugendlichen sehr wichtig, dieser Aspekt findet sich häufig auch in der Bilderwelt eines Jugendlichen. Wenn Kinder erwachsen werden, verstärken sich häufig ihre Stärken in der Bilderwelt, so, als ob ihr inneres Wesen ihnen dabei hilft, ihnen die einzigartigen Gaben bewusst zu machen, die sie der Welt geben können.

Ich habe mit meinen Kindern von klein auf Reisen unternommen. Das hat mir geholfen, sie großzuziehen und sie in ihrer Einzigartigkeit zu würdigen. Ich habe mit schwer erziehbaren Jugendlichen gearbeitet und beobachtet, wie sie sich durch die Bilder, die sich ihnen zeigten, mit ihrem tiefen Selbst verbunden haben, wie sie durch sie Ruhe und Hilfestellung in ihrem Inneren gefunden haben. Mein Traum ist es, dass die Tiefenimagination den Kindern als der natürliche Prozess beigebracht wird, der er ist, damit zukünftige Generationen die Kraft dieser Gabe kennen und nutzen, die in ihnen liegt; es ist ein Geschenk, das sie mit allem, was ist, verbindet.

Berichte von Kinder-Reisen

Als meine älteste Tochter acht Jahre alt war, sollte sie beim Kieferorthopäden eine Gaumenerweiterung durchführen lassen. Das Ziel dieser Prozedur ist, den Gaumen zu weiten, indem man dort ein Metallgerüst anbringt. Der Gaumen wird gedehnt, indem man täglich an einem Schlüssel dreht. Das Konzept dieser Prozedur war für mich beängstigend und erschien mir altertümlich. Ich wollte wissen, was ihr inneres Wissen dazu sagt. Hier ist ihre Reise.

Lyssie schließt ihre Augen. Ich bitte sie, ein Bild zu rufen, das für ihren Gaumen steht. Sie sieht eine kleine Schildkröte mit dem Namen Johnny. Johnny will sie in seine Höhle mitnehmen. Als sie mir die Höhle beschreibt, frage ich sie, was geschehen soll. Johnny sagt ihr, dass sie die Bilder an der Wand anschauen soll und dass die Bilder Porträts ihrer Vorfahren sind. Er erklärt ihr, dass ihr Gaumen derselbe ist, wie der ihrer Vorfahren, dass sie das jedoch nicht ändern konnten. Er sagt ihr, dass er gerne mehr Raum in seiner Höhle hätte und dass es gut für sie wäre, mehr Raum in ihrem Mund zu haben. Er bittet sie, ihn häufig zu besuchen. Sie dankt ihm und verabschiedet sich.

Lyssie hat Johnny nach diesem ersten Besuch häufig besucht. Sie besuchte ihn, wenn sich ihr Gaumen unangenehm anfühlte, und vor wichtigen Terminen beim Kieferorthopäden. Der Gaumen-Erweiterer ist längst weg, und was sehr anstrengend hätte werden können, verlief dank ihrer inneren Unterstützung unkompliziert und einfach. Die Situation wurde zu einer, in der sie mittat, anstatt dass ihr etwas angetan wurde.

***

Meine jüngere Tochter Marina fiel beim Spielen auf ein Stück Metall. Das Metall traf sie knapp über dem linken Auge und schnitt ihr tief in die Haut. Sie blutete stark und war sehr durcheinander. Ich leistete Erste Hilfe, aber wusste, dass sie genäht werden musste. Während ich sie in die Notaufnahme fuhr, bat ich sie, ihren Helfern zu sagen, dass sie mit der Heilung beginnen sollen. Ich bat sie, direkt an die verletzte Stelle zu gehen und ihnen beim Helfen zuzusehen. Das ist, was sie mir beschrieb:

Ich sehe kleine Tiere, die aussehen wie Kamele, mit scharfen Spitzen auf dem Rücken. (Es folgte ein Schwall Tränen. Als die Tränen versiegt waren, bat ich sie, in ihre Bilderwelt zurückzukehren und mir zu erzählen, was die Kamele taten.) ***Sie nehmen den Schmerz und das Schwarz und Gelb fort. Wenn alles weg ist, ist alles rot. Sie arbeiten sehr hart, und ich bedanke mich bei ihnen.***

Ich habe ihre Reise nicht verstanden, aber ich habe gelernt, der inneren Sprache zu vertrauen, also habe ich sie unterstützt und ihr geholfen, beim Geschehen zu bleiben. Als wir in der Notaufnahme waren und auf einen Arzt warteten, ließ ich sie an ihren besonderen Ort reisen. Das hat sie sehr beruhigt. ***Die kleinen Kamele waren dort an ihrem besonderen Ort und arbeiteten mit den Farben an ihrer Verletzung.*** Während all das geschah, befand sie sich gleichzeitig im Austausch mit der Außenwelt und unterhielt sich mit Ärzten und Krankenschwestern. Sie war daran gewöhnt, in die Bilderwelt abzutauchen, und konnte deshalb an beiden Orten gleichzeitig sein. Als die Wunde vernäht wurde, war sie bereits sehr ruhig, und der Arzt konnte feine, ordentliche Stiche machen, während sie sich unter seinen geübten Händen entspannte.

***

Die nachfolgende Geschichte zeigt, wie die Bilderwelt bei gängigen Kinderkrankheiten helfen kann. Sie kann in Kombination mit allem, was ein Arzt vorgeschlagen oder verschrieben hat, genutzt werden. Innenreisen helfen, die kindliche Wahrnehmung einer Behandlung von etwas Ekelhaftem in etwas Hilfreiches zu verwandeln!

Ich werde eine Reise meiner jüngeren Tochter teilen, die stattfand, als sie sieben Jahre alt war.

Sie wachte mit verstopfter Nase und verstopften Nebenhöhlen auf. Dann beschwerte sie sich den ganzen Morgen, dass irgendetwas stank. Als wir herausfanden, dass der Gestank nicht im Außen war, beschloss ich, mit ihr etwas Nachforschung zu betreiben.

Ich bitte Marina, ihre Augen zu schließen und mir zu sagen, wie der Geruch »aussieht«. Sie zeigt auf ihre rechte Nebenhöhle und sagt, es ist eine bananenförmige Schnecke. Die Schnecke ist nicht sehr redselig, aber sie erwähnt, dass es sich gut anfühlen würde, mit Wasser bespritzt zu werden. Marina dankt der Schnecke und verabschiedet sich.

Nach Marinas Reise mischte ich ihr eine sanfte Salzwasserlösung und füllte sie in eine Nasendusche. Glücklich spritzte sie sich selbst die Flüssigkeit in ihre Nase (ganz anders, als wenn ich diese Idee gehabt hätte!). Der Gestank und ihre Sorgen verschwanden gleichermaßen aufgrund dieser üblichen Behandlung bei Nasenverstopfung, die sich eine Siebenjährige selbst verschrieben hatte!

***

In der nachfolgend beschriebenen Sitzung werden verschiedene Techniken genutzt; das Initiieren einer Reise, wenn Kinder Panik haben, und wie man ihnen hilft, sich in ihre Bilderwelt zu vertiefen, indem man einen Helfer hinzuholt oder das Treffen mit einem Herzens-Freund arrangiert. Meine ältere Tochter war zu diesem Zeitpunkt zehn Jahre alt.

Lyssie war müde und schien abwesend, als sie ins Bett ging. Sie begann zu hyperventilieren und rief mich: »Es passiert schon wieder!« (Ich bin mir nicht sicher, was »es« war, aber »es« nahm die Form eines Asthmaanfalls an, wie sie mehrmals im Jahr aufgetreten waren, als sie jünger war.) Ich hatte gelernt, bei ihr zu bleiben, wenn das passierte, und ihr dabei zu helfen, sich zu entspannen. Die Panik und ihre Symptome sind ohne medizinische Hilfe immer irgendwann verschwunden.

Ich wusste, dass ich ihr dabei helfen musste, sich von ihrer Panik zu lösen, weil ich sehen konnte, wie die Angst zunahm. Hier ist, was sich ereignete:

Ich bitte Lyssie, sich vorzustellen, in einer Wolke weit oben im Himmel zu sein, mit einem Schirm, um sich vor der Sonne zu schützen. (Ich hatte mir darüber nicht viele Gedanken gemacht, ich wusste nur, dass sie eine Richtung und Ablenkung brauchte, und sagte das erste, was mir in den Sinn kam.) *Ich bitte sie, sich vorzustellen, wie leicht das Atmen im Schoß dieser Wolke geht. Sie befolgt meine Anweisungen und sagt, dass sie in den Wolken ist. Ihre Atmung beruhigt sich, als ich sie bitte, mir den Schirm zu beschreiben.* (Hier verbinde ich sie mit ihrer Bilderwelt.)

Sie beschreibt ihn als Schirm aus weißer Spitze mit pinkfarbenen Rosen darauf. Ich bitte sie, hinunterzuschauen und sich selbst zu betrachten. Sie sagt, dass sie sich schwer arbeitend an ihrem Schreibtisch in der Schule sieht.

Ich bitte sie, einen Helfer zu rufen, einen inneren Freund. Sie sagt mir, dass ihr Engel bei ihr ist. Ihr Engel sagt ihr, dass sie nicht so hart arbeiten soll. Lyssie antwortet, dass das nicht geht, aber ihr Engel sagt ihr, dass es doch geht. Der Engel weist sie an, ein kleines Tier in ihrem Herzen zu suchen, das ihr zeigen wird, was in ihrem Herzen ist.

Ich folge dem Zeichen des Engels und leite Lyssie an, in ihr Herz zu blikken, wo sie Tuffy, den Löwen sieht. Sie hat ihn zuvor schon als ihren Herzens-Freund getroffen. Tuffy sagt ihr, dass die harte Arbeit an den immer gleichen Dingen ihr ein Gefühl des Gefangenseins gibt und sie von den Dingen abhält, die sie wirklich will. Er sagt ihr, dass in seinem Herzen eine magische Puppe ist. Lyssie bittet daraufhin die Puppe, sich zu zeigen. Sie sagt mir, dass sie nicht sonderlich magisch aussieht. Ihr fehlt ein Auge, und ihr Lächeln ist verblasst. Ich bitte sie, das der Puppe zu sagen. Es ist eine Puppe, die »Raggedy Ann« ähnlich sieht. Die Puppe sagt ihr, dass sie eine magische Puppe ist und gekommen, um Lyssie die Dinge zu bringen, die sie wirklich will.

Die Puppe bittet Lyssie, sie im Laufe der nächsten Woche jeden Tag zu besuchen. Der Engel bestätigt das und sagt Lyssie, dass sie sich ausruhen soll.

Während der nächsten Woche besuchte Lyssie jeden Abend ihre Fantasiefreunde. Sie besuchte sie allein, ohne meine Führung.

Diese Reisen fanden vor einem Test für ein Nachmittagsprogramm statt, bei dem sie unbedingt teilnehmen wollte. Später brachte ihr Vater ihr ein neues Fahrrad mit. Dann sang sie in einem Kinderchor vor und wurde genommen. Diese neuen Aktivitäten halfen ihr, ihre Perspektive zu erweitern und einen Ausgleich für ihre schulischen Tätigkeiten zu schaffen. Der Löwe ist bis heute ein Freund und Begleiter für sie.

***

Bei meiner Arbeit mit Kindern durfte ich eine Imaginations-Gruppe für schwererziehbare Jugendliche mitgründen. Auch wenn ich sie immer dazu ermunterte, ihre Erfahrungen in der Bilderwelt zu teilen, behielten diese Kinder eine Menge für sich und hielten sich häufig bedeckt. Ich werde niemals vergessen, wie ein junger Mann namens Carlos über seine Begegnung mit seinem Herzens-Freund sprach. Hier ist seine Herzens-Freund Reise:

In meinem Herzen treffe ich einen Jaguar. Er ist stark und geschmeidig. Er lädt mich ein, mit ihm zu rennen. (Carlos beschrieb ein Gefühl von unglaublicher Lungenkapazität, als er mit dem Jaguar rannte und sich selbst als Jaguar wahrnahm.) *Ich spüre überwältigende Kraft in meinen Gliedern. Ich kehre in mich selbst zurück und bedanke mich bei Jaguar. Ich berühre seinen Hals mit meinen beiden Händen und verabschiede mich. Ich will mich für immer daran erinnern.*

Tränen rannen Carlos Gesicht herab, als er von diesem Treffen berichtete. Ich werde niemals erfahren, was ihm das Leben nach diesem kurzen Kontakt, den ich mit ihm hatte, beschert hat, aber ich hoffe, dass er sich für immer an seinen Herzens-Freund erinnern wird und sich mit der unglaublichen Stärke seines Herzens anfreundet.

***

Wenn ich meine Kinder frage, warum sie Innenreisen mögen, sagen sie mir, dass es ein Weg ist, »etwas über Dinge herauszufinden, über die man bisher nichts weiß«. Sie sagen, es ist ein bisschen, »als würde man mit sich selbst sprechen«.

Und ich würde hinzufügen, dass das Selbst, mit dem man spricht, häufig viel weiser ist, als man sich das überhaupt vorstellen kann. Die Weisheit des inneren Selbst verbindet dich mit dem großen Wissensfundus, der dich im Mysterium des Lebens umgibt.

Wenn Kinder dies bereits in jungen Jahren lernen, begleitet sie das Wissen um ihre innere Weisheit durch die schwierigen Jahre des Erwachsenwerdens und das ganze Leben lang.

Richtlinien für das Reisen mit Kindern

- Erinnere dich daran, dass die Bilderwelt für Kinder natürlich ist. Sie brauchen in der Regel weniger Vorbereitung und lassen manchmal ihre Augen offen.
- Versichere ihnen, dass du bei ihnen bleibst, während sie in die Bilderwelt eintauchen.
- Als erste Reise mit einem Kind eignen sich der besondere Ort und der Herzens-Freund.
- Mache Notizen, während das Kind auf Reisen ist. Das wird deiner Erinnerung helfen, wenn du später mit ihm über die Reise sprichst.
- Wenn das Kind große Angst hat, kannst du für es beginnen, indem du einen Ort beschreibst, von dem du weißt, dass es gerne dort ist, wo es sich sicher fühlt. Bitte es, sich vorzustellen, dort zu sein.
- Kindern fällt der Übergang von der Innen- zur Außenwelt oft leichter. Lasse sie ihre Augen öffnen und tritt körperlich mit ihnen Kontakt, wenn die Reise beendet ist.
- Sprich mit ihnen über ihre Reise. Finde heraus, wie es ihnen damit geht. Hilf ihnen, sie in ihr Leben zu integrieren, indem du einen Weg findest, sie regelmäßig an ihre Reise zu erinnern (eine Zeichnung, ein Stofftier und so weiter).

Kinder an den besonderen Ort oder zu ihrem Herzens-Freund begleiten

- ✦ Nimm dir einen Moment für dich selbst. Entspanne dich. Zentriere dich durch die Atmung, indem du das Bewusstsein auf den Boden unter dir richtest, und durch Gebet.
- ✦ Erkläre dem Kind, was du tun und fragen wirst, und versichere ihm deine Anwesenheit für die ganze Dauer. (»Ich werde hier bei dir bleiben.«)
- ✦ Ermutige das Kind, sich zu entspannen. Wenn es mehr Hilfe dabei braucht, bitte das Kind, jedes einzelne Körperteil zu entspannen, von Kopf bis Fuß, indem du es mit Worten begleitest. (»Entspanne deine Zehen, dann deine Knöchel. Atme und entspanne dich. Entspanne jetzt deine Beine…« und so weiter.)
- ✦ Sage: »Stelle dir dich selbst an einem Ort vor, an dem du dich sicher und gut fühlst… Ein Ort, an dem du gerne bist.«
- ✦ Aktiviere die inneren Sinne des Kindes, indem du fragst: »Welche Farben siehst du hier?«, »Welche Geräusche hörst du?«, »Was ist um dich herum?«, »Ist es Tag oder Nacht?« und »Wo bist du an diesem Ort?«
- ✦ Bitte das Kind, sich auf sein Herz zu konzentrieren und einen Freund zu bitten, daraus hervorzukommen. (Sage dem Kind, dass dieser Freund alles sein kann.)
- ✦ Führe das Kind durch die fünf wesentlichen Zutaten des Rezepts mit folgenden Fragen:
  - Begrüße den Freund. Danke ihm für sein Kommen.
  - Frage den Freund, ob er eine Botschaft für dich hat, dir etwas zeigen oder sagen möchte.
  - Frage den Freund, ob er irgendetwas braucht.
  - Frage, ob noch irgendetwas geschehen muss.
  - (Optional) Gibt es einen Weg, dass ihr noch bessere Freunde werden könnt?
  - Danke dem Freund für sein Kommen und verabschiede dich.
- ✦ Erinnere dich daran, dass du das Kind einen Helfer rufen lassen kannst, falls es klemmt.

- Bleibe nach der Rückkehr in die äußere Welt bei dem Kind. Berührung kann helfen.
- Frage das Kind: »Wie fühlst du dich?«
- Finde Wege, dem Kind bei der Integration zu helfen und die Reise und die inneren Bilder in die äußere Welt des Kindes zu bringen (zum Beispiel durch Kunst, Gegenstände und Geschichten).

Kinder mit gesundheitlichen Problemen in die Bilderwelt begleiten

- Nimm dir einen Moment für dich selbst. Entspanne dich. Zentriere dich durch die Atmung, das Bewusstsein auf den Boden unter dir gerichtet, und durch Gebet.
- Erkläre dem Kind, was du tun und fragen wirst, und versichere ihm deine Anwesenheit für die ganze Dauer.
- Ermutige das Kind, sich zu entspannen. Du kannst ihm sagen, dass es so tun soll, als wäre es Wackelpudding. Wenn es mehr Unterstützung braucht, bitte das Kind, jeden einzelnen Körperteil zu entspannen, von Kopf bis Fuß, indem du es mit Worten begleitest. (»Entspanne deine Zehen, dann deine Knöchel. Atme und entspanne dich. Entspanne jetzt deine Beine…« und so weiter.)
- Sage: »Stelle dir dich selbst an einem Ort vor, an dem du dich sicher und gut fühlst… Ein Ort, an dem du gerne bist.«
- Aktiviere die inneren Sinne des Kindes, indem du fragst: »Welche Farben siehst du hier?«, »Welche Geräusche hörst du?«, »Was ist um dich herum?«, »Ist es Tag oder Nacht?« und »Wo bist du an diesem Ort?«
- Bitte das Kind, einen helfenden Heiler zu rufen. Lass dem Kind etwas Zeit, sich mit dem Heiler anzufreunden. Begleite das Kind wie folgt: »Sag hallo. Danke dem Heiler für sein Kommen.«, »Gibt es etwas, was dein Heiler dir zeigen oder sagen will?«
- Mit dem helfenden Heiler an der Seite des Kindes, lass das Kind das fragliche Körperteil betrachten… die Krankheit oder die Verletzung. Sage: »Bitte diesen Teil, sich als Bild zu zeigen.«
- Hilf dem Kind, ein Gespräch mit dem Bild zu führen. Sage: »Schaue alles ganz genau an«, »Will dir dieses Körperteil etwas zeigen oder sagen?«, »Was braucht dieser Teil von dir?«
- Bitte das Kind mit dem helfenden Heiler an seiner Seite ein gesundes Bild von demselben Körperteil hervorzurufen. Sage: »Wie würde es hier aussehen, wenn alles gesund und stark wäre?«
- Lasse das Kind herausfinden, was zu geschehen hat. Du kannst es den Heiler fragen lassen. Merke dir vor allem, was dazu führt, dass

das kranke Bild zu einem gesunden wird, so dass du dem Kind helfen kannst, diese Veränderung mit Worten und Bildern zu affirmieren.

- ✦ Schließe die Reise ab, indem du das Kind bittest, sich zu verabschieden und allem zu danken, was erschienen ist.
- ✦ Bleibe nach der Rückkehr in die äußere Welt bei dem Kind. Berührung kann helfen.
- ✦ Frage das Kind: »Wie fühlst du dich?«
- ✦ Finde Wege, dem Kind bei der Integration zu helfen und die Reise und die inneren Bilder in die äußere Welt des Kindes zu bringen (zum Beispiel durch Kunst, Gegenstände und Affirmationen zur Heilung, die auf den inneren Bildern der Gesundheit und der Weisheit aus der Innenwelt des Kindes beruhen).

Kapitel 24

Verschiedene Arten der Imaginationsarbeit

Jeder weiß, dass der Tropfen mit den Ozean verschmilzt, aber nur wenige wissen, dass der Ozean mit den Tropfen verschmilzt.

Kabir

Die Formeln, die in diesem Buch vermittelt werden, bieten eine starkes Gefäß, in welchem Tiefenimagination stattfinden und die Bilderwelt empfangen werden kann. Es gibt verschiedene Namen für diese Art von Imaginationsarbeit, etwa interaktive Imagination, spontane Imagination, Tiefenimagination, offene Imagination. Ganz gleich, wie sie genannt wird, es ist eine Arbeit mit Inhalten der Vorstellung, die »gesehen« und »gehört« werden können. Hauptsächlich geht es bei der Arbeit, die in diesem Buch beschrieben wird, um die nicht zielgerichtete und spontane Innenreise, die sich von innen heraus entwickelt. In diesem Buch nenne ich dies Tiefenimagination.

Eine andere Art der Imaginationsarbeit, die hier nicht behandelt wird, ist die kontrollierte Imagination. Diese Art der Imagination bietet Hilfsworte oder Suggestionen, auf die Körper und Geist reagieren. Kontrollierte oder gelenkte Imagination wird als wirksames Mittel genutzt, um Körper und Geist durch Einbeziehung der Sinne in die Tiefenentspannung zu führen. Ein Beispiel wäre etwa die Suggestion, sich selbst am Meer vorzustellen, die salzige Luft zu riechen, den Sand unter den Füßen und die Sonne auf der Haut zu spüren, das Geräusch der Wellen und die Schreie der Möwen zu hören. Dies ist gelenkte Imagination und die Grundlage für geführte Entspannung.

Um die Verbindung zwischen Körper und Geist zu veranschaulichen, wird oft das Beispiel einer Zitrone angeführt. Man soll sich eine Zitrone vorstellen, ihre Farbe und Form, die Textur ihrer Haut, ihr Gewicht und ihr Gefühl in der eigenen Hand. Dann stellt man sich vor, wie man die Schale der Zitrone mit einem Messer aufschneidet und den Saft herausspritzen sieht und das Zitrusaroma riecht. – Läuft dir schon das Wasser im Mund zusammen?

Eine körperliche Reaktion ist normal, denn durch dieses Bild werden die Speicheldrüsen aktiviert. Der Körper reagiert auf das Bild in der Vorstellung. Wir sind natürlich alle unterschiedlich, und die Zitrone, die du siehst, wird sich ein wenig von der Zitrone unterscheiden, die ich sehe. Aber die Reaktion ist trotzdem bei den meisten dieselbe.

Ein Beispiel für die Einzigartigkeit eines jeden kann bei der Vorstellung eines bekannten Gegenstandes, etwa einer Teetasse, beobachtet werden. Wenn du gebeten wirst, dir eine Teetasse vorzustellen, stellst du dir vielleicht eine Tasse vor, die in deinem Regal steht. Vielleicht siehst du auch eine Teetasse, die deiner Großmutter gehörte. Oder eine Teetasse, die du nie zuvor gesehen hast. Individuelle Unterschiede sind einzigartig. Du antwortest auf die Bitte von außen, dir eine Teetasse vorzustellen. Dein Geist befolgt Anweisungen. Vorschläge für ein Bild werden geliefert, und der individuelle Geist wählt als Reaktion auf die Anweisung ein einzigartiges Bild aus. Geist und Körper reagieren auf die Suggestion. Dies ist ein Weg, um alte Bilder, die uns nicht länger dienen, durch neue, heilsame Bilder zu ersetzen. Der größte Unterschied zwischen geführter und nicht geführter Imagination liegt in der Quelle. Bei geführter Imagination *antwortet* dein Körper und Geist auf die Führung von außen und auf Suggestion. Bei nicht geführter Imagination (Tiefenimagination) rufst du ein Bild aus deinem inneren Wissensfundus, der in dir selbst liegt. *Du* rufst die Bilder hervor und gibst ihnen Leben.

Generell liefert die Arbeit mit geführter Imagination eine besser strukturierte Reise. Das dir Unbekannte wird ferngehalten. Das Bild wird vom Geist ausgesucht (deinem eigenen oder dem von jemand anderem), und Körper und Geist reagieren darauf.

Die tieferen Bereiche der Seele sind bei der geführten Imagination wenig einbezogen. Trotzdem kann kontrollierte oder geführte Imagination auf vielen Gebieten von großem Wert sein. Der Golfspieler, der sich den perfekten Schlag bis ins kleinste Detail vorstellt, wird sich dies einprägen. Der Körper wird darauf reagieren. Der Tänzer, der sich seinen Auftritt fehlerlos vorstellt, wird auf mehr als nur einer Ebene darauf vorbereitet sein, die Bühne zu betreten.

Dieses Phänomen wird oft Einstudieren der Vorstellung genannt. Das kann auf beinahe jede Situation angewendet werden. Ich erkläre dieses Phänomen gerne mit einem Zitat des Baseball-Champions Babe Ruth. Als er gefragt wurde, was er denkt, wenn er am Schlag ist, soll er geantwortet haben: »Ich denke daran, einen Homerun zu schlagen!«

Geführte Imagination ist auch in Notsituationen äußerst wertvoll. Dem Geist wird eine Suggestion oder Aufgabe gegeben, die für die gegenwärtige Situation hilfreich ist. Das Beruhigen und Entspannen von Geist und Körper kann, besonders in einer Krise, sehr schwierig sein. Geführte Imagination geht den direkten Weg.

Als Krankenschwester hatte ich oft für Menschen mit chronischen Lungenerkrankungen zu sorgen. Wenn man keine Luft mehr bekommt, führt das zu schrecklichen Angstzuständen. Ich führte diese Patienten mit ruhiger Stimme und ließ sie sich vorstellen, wie jede Menge Luft in ihre Lungen strömt, während ich sie anwies, langsamer und tiefer zu atmen. Ich atmete mit ihnen zusammen und bat sie, sich an eine Zeit zu erinnern, in der es ihnen gut ging, und auch ihre Körper daran zu erinnern. Diese einfachen Anleitungen wurden in Krisenzeiten zu einer wirkungsvollen Medizin. Die Mitarbeit von Körper und Geist verbesserte die Wirkung der anderen Behandlungsformen und half durch Zeiten von Angst und Unwohlsein.

Der Körper selbst kann dazu aufgerufen werden, sich vorzustellen, dass er bestimmte benötigte oder erwünschte Eigenschaften besitzt, die ihm fehlen. Bei dieser Art der Imagination erinnert man sich an eine Zeit, in der man die benötigte Eigenschaft hatte, oder an jemanden, der diese verkörpert. Man »sieht« sich selbst diese Eigenschaft ausstrahlen, dann geht man weiter und sieht sich selbst im Hier und Jetzt, voller Freude, Frieden oder wonach auch immer man strebt. Dein Körper erinnert sich daran, was in im steckt und wo er es finden kann. Auch kannst du das ausleihen, was du bei anderen gesehen hast, es anprobieren und dich damit vertraut machen. Dieses Erinnern, Borgen und Probieren kann eine Brücke zu einem neuen Sein werden.

Ich erwähne diese Art der Imagination kurz, weil sie wertvoll und jedermann verfügbar ist. Es gibt viele Bücher darüber.

Die Imagination, die ich hier mit Hilfe des »Rezepts« erkläre, sollte vielleicht eher »empfangende Imagination« heißen – Imagination, die uns lehrt, erst zuzuhören, anstatt gleich die Änderungen herbeizuführen, die wir uns wünschen. Man kann nicht sagen, dass eine Art schlechter als die andere wäre. Sie sind einfach unterschiedlich. Bei der Tiefenimagination ist das Feld offen für Experimente und eigene Nachforschungen.

Ich habe wunderbare Sitzungen erlebt, in denen ich mir mich selbst in einer historischen Szene in meiner spirituellen Tradition vorgestellt habe. Ich habe mit großartigen Kunstwerken gesprochen. Ich habe damit experimentiert, Ereignisse zwischen mich und den Großen Geist zu stellen und sie auf diese Art zu segnen. Ich bin mit den großen Archetypen gereist. Ich bin mit der Seele, dem Körper und dem Großen Geist gereist. Zeit wurde elastisch, seit ich in die Vergangenheit und in die Zukunft gereist bin. Die Möglichkeiten sind wahrlich grenzenlos. Wenn die Zeit gut ist, habe ich vor, eine Unterhaltung mit dem Mond zu führen.

Wenn wir lernen, »mit den Ohren unseres Herzens« zuzuhören, (diese Worte stammen aus den Lehren des Sankt Benedikt; ich habe sie zum ersten Mal von meinem Lehrer Eligio Stephen Gallegos bei meiner ersten Einführung in die Welt der Bilder gehört), kann man viel lernen. Unser tiefstes Selbst will uns in unseren fruchtbarsten Seinszustand bringen, deshalb bietet es uns Bilder und Erinnerungen, die uns dort hinbringen, wo wir hingehören.

Jeder Mensch ist einzigartig, ebenso wie die verschiedenen Arten des Lernens als Reaktion auf das Leben. Finde heraus, was am besten für dich ist. Wenn du dich in deiner Bilderwelt immer wohler fühlst, wird sich deine ganz eigene Art der Innenschau herauskristallisieren. Das Leben wird dir helfen, während du dein Wissen über die Bilderwelt erweiterst. Du wirst Menschen treffen, mit ihnen sprechen und Dinge von ihnen lernen. Bücher und Artikel werden ihren Weg zu dir finden. Und vor allem wirst du von deiner Innenwelt lernen, von der Mitte dieser Welt, welche in dir liegt.

Kapitel 25

Unendlichkeit trifft Unendlichkeit

Einswerden mit dem Universum

Die Innenwelt ist wahrlich ein neues Erfahrungsfeld, ein Grenzbereich. Endlose Gebiete in uns warten auf ihre Erforschung. Es gibt unendliche Möglichkeiten für neue Verbindungen und Entdeckungen. Alles Leben, die ganze Natur, Schmerz, Schönheit und jede Ungleichheit oder Abweichung kann auf neue Weise angegangen und gewusst werden, wenn wir mit ihm aus unserer Tiefe heraus in Kontakt treten. Es gibt wahrhaftig keine Limits.

Als ich ein kleines Kind war, faszinierte mich das Konzept der Unendlichkeit sehr. Mein Verstand konnte dieses Konzept einfach nicht fassen! Ich kann mich erinnern, wie der Gedanke an die Endlosigkeit des Universums fast schmerzte in meinem Kopf.

Nun kehre ich in meinem Erwachsenenleben zu diesem Gedanken zurück und habe gelernt, dass die Fähigkeit, in die Unendlichkeit zu reisen, nicht nur außerhalb von uns existiert, sondern auch in uns! Unser inneres Sein ist in seiner unendlichen Weite das Gegenstück zur Unendlichkeit des physischen Universums. Darüber staune ich noch heute. In uns gibt es ein Tor, welches keinen Austausch verweigert. Wenn ich Kontakt zur Unendlichkeit haben möchte, muss ich sie nicht erfassen können! Ich kann nach innen gehen und ein Bild bitten, sich zu zeigen, welches die Unendlichkeit repräsentiert. Ich kann mit diesem Bild sprechen, ihm zuhören, mich mit ihm austauschen. In der inneren Welt sind die Möglichkeiten für Diskurse grenzenlos.

Wenn du mit einer Blume sprechen möchtest, mit einem Erbstück, einem großen Gemälde, einem alten Baum, mit einem Gefühl, mit einer Erfahrung… gehst du einfach an den Ort in dir, an dem du ihm begegnen kannst, an dem du so empfänglich sein kannst, zu hören, zu sehen und zu entdecken, was es dir zeigen oder sagen will, ein Ort, an dem du erkennen kannst, wo die Nachricht an dich anfängt und die Unterhaltung beginnen kann.

Bei einem großen Kunstwerk oder einem Naturphänomen hat die Konversation häufig schon begonnen, da dein äußeres Bewusstsein das größere beinhaltet. Das Objekt oder das größere Bewusstsein hat die Konversation von sich aus begonnen, indem es in dein Gewahrsein tritt. Du nimmst es mit deinen äußeren Sinnen wahr. Irgendetwas daran spricht dich an, etwas erscheint. Etwas berührt dich auf besondere Art. Diese Erfahrung ist der Anfang. Du kannst über die Welt von der Welt selbst lernen. Du lässt die Zwiesprache beginnen und kannst daran teilnehmen.

Äußere Quellen stehen uns heute in Hülle und Fülle zur Verfügung. Wir suchen nach Ressourcen, die uns bei der Erforschung unserer selbst, der Welt, in der wir leben, und der gesamten Schöpfung helfen. Das Wissen und die Entdeckungen jener, die vor uns kamen, sind leicht zugänglich. Diese Masse an menschlicher Information verlangt nach einem Ausgleich. Dieser Ausgleich ist zu finden, wenn wir die Grenzen des irdischen Körpers überschreiten und die unerforschten Zonen und Gegenden der Innenwelt betreten. Hier, im Innen, können wir Menschen als wahr erkennen, dass wir nicht getrennt von irgendetwas oder irgendjemandem sind. Dies ist der Urgrund des Friedens, des Mitgefühls und des Verständnisses.

Dieser innere Ort, dieses Herz, das von den tiefen Flüssen deiner Seele gespeist wird, ist es, wo du zweifelsfrei wissen kannst, dass du mit allem verbunden bist. Wenn du den Boden dieses inneren Ortes berührst, entdeckst du, dass ihm nichts gleicht. Du wirst Teil von allem, was ist, nicht, weil es plötzlich geschieht, sondern weil du dir an deinem tiefsten Ort des Verstehens gewahr wirst, dass du so gar nicht alleine bist. Du existierst als einzigartiges Wesen in vollkommenem Einssein mit deinem Schöpfer und der ganzen Schöpfung.

Deine Innenwelt erwartet dich. Alles und jeder, was oder wem auch immer du je begegnet bist, kann dein Lehrer in dieser Welt werden. Dein tiefes Selbst wird dich nicht fehlleiten, sondern dir deine einzigartigen Pfade zur Heilung und zum Wachstum führen und zu der Erkenntnis, wer du wirklich bist. Deine Innenwelt wird dein Leben bereichern und dich durch die Wechselfälle deines Lebens geleiten. Du bist der Wegbereiter in diesem wunderbaren neuen Land.

Dank

Ich möchte allen danken, die dieses Buch haben Wirklichkeit werden lassen. Mein Dank geht an meinen Lehrer, Steve Gallegos, und an meine Kollegen auf dem Gebiet der Tiefenimagination. Danke für das Lernen, die Führung und die Möglichkeit zu führen. Danke auch an die »Academy For Guided Imagery« und ihre wundervollen Lehrer und an das »Santa Sabina Retreat Center« in San Rafael, welches mir einen Ort für meine Übungen geboten und mein Herz gewonnen und es geküsst hat. Dank meinen Freunden und Kollegen, die dieses Manuskript gelesen und mir Feedback, Rat und Unterstützung gewährt haben.

Colleen Brenneman, Sharon Pennypacker, Jeff Gunzenhauser, Bill Montague, Lynn Keller, und Pat Morgan.

Tiefe Dankbarkeit geht auch an Jane Bunting, Celia Finestone, Dana Pratt, Sandy Silva und Heather Leigh-Gary und an Jack Silknetter, den König des Rotstifts… meinen besonderen Dank an dich!

Dank meiner lieben Familie, ihr seid Teil dieses Projektes gewesen, durch stille Unterstützung, Liebe und Verständnis… Al, Lyssie, Rini und Laddie, grenzenloser Dank an jeden von euch!

Dank auch an alle, die mir großherzig die Erlaubnis gegeben haben, die Reisen Teil des Buches werden zu lassen. Ihr habt so großzügig geteilt.

Danke Judith und Penny!

Mein Dank geht auch an Andreas Lentz für seinen Glauben an den Nutzen eines Praxisbuches für die Tiefenimagination, an den Neue Erde Verlag für die Publikation und an Laura Spies für die deutsche Übersetzung.

Und zuletzt auch an die Imagination selbst… und die Reisen, die in mir selbst und anderen stattgefunden haben, die Teil des Buches und der Lehre geworden sind. Namasté.

Bibliographie

Bodo, Murray, O.F.M. The Way Of St. Francis. New York: Doubleday, 1984.

Bodo, Murray, O.F.M. Through The Year With Francis Of Assisi. New York: Doubleday, 1987.

Bressler, David E., and Rossman, Martin L., MD Preparing Patients For Surgery with Interactive Guided Imagery sm. Live Workshop Tapes, Los Angeles: Academy For Guided Imagery, May 7, 2000.

Bressler, David E., and Rossman, Martin L.,MD Treating Depression With Interactive Guided Imagery sm. Live Workshop Tapes, Los Angeles: Academy For Guided Imagery, May 7, 2000.

Campbell, Joseph. A Joseph Campbell Companion. Edited and selected by Diane K. Olson. New York: HarperCollins, 1991.

De Mello, Anthony. Sadhana. New York: Doubleday, 1984.

De Mello, Anthony. Wellsprings. New York: Doubleday, 1986.

Elias, Jason and Ketcham, Katherine. Feminine Healing. New York: Warner Books, 1995.

Gallegos, Eligio Stephen, PhD., Animals Of the Four Windows. Santa Fe: Moon Bear Press, 1991. *[Erscheint voraussichtlich 2016 bei Neue Erde auf deutsch.]*

Gallegos, Eligio Stephen, PhD., The Personal Totem Pole. Santa Fe: Moon Bear Press, 1985.

Goodwin, Gail. Heart. New York: HarperCollins, 2002.

Goudge, Elizabeth. The Scent Of Water. New York: Pyramid Books, 1963.

Hay, Louise. »Dear Louise«, Science Of Mind. September 2003.

Judith, Anodea. Wheels of Life. St. Paul, MN: Llewellyn, 2002.

Kidd, Sue Monk. When The Heart Waits. San Francisco: HarperCollins, 1992.

Lewis, C. S., The Four Loves. N.Y.: Harcourt, Brace, and World, 1960.

Lohr, James E. and Migdow, Jeffrey A., Breathe In Breathe Out. Alexandria, VA: Time Life Books, 1986.

Mengelkoch, Louise, MA, and Nerburn, Kent, ed., Native American Wisdom, San Rafael, CA.: New World Library, 1991.

Myss, Caroline. Sacred Contracts. New York: Harmony Books, 2001.
Naparstek, Belleruth. Health Journeys: Successful Surgery. Audio CD set. Image Paths Inc. Akron, Ohio. 1992.
Naparstek, Belleruth. Health Journeys: Total Wellness. Audio CD set. Time Warner Audiobooks, New York, 2001.
Northrup, Christiane, MD. Women's Bodies, Women's Wisdom. New York: Bantam Books, 1998.
O'Donohue, John. Beauty. New York: HarperCollins, 2004.
Pony Boy, GaWaNi. Horse, Follow Closely. Irvine, CA: Bowtie Press, 1998.
Rossman, Martin L., MD. Guided Imagery For Self-Healing. Tiburon, CA: HJ Kramer Inc., 2000.
Steiger, Brad. Totems. San Francisco: HarperCollins, 1997.
Weil, Andrew, M.D. and Rossman, Martin, M.D. Self-healing With Guided Imagery: How To Use The Power Of Your Mind To Heal Your Body. Audiocassette. Boulder, CO: Sounds True, 2004.
Whyte, David. The Heart Aroused. New York: Doubleday, 1994.

Empfohlene Literatur zum Weiterlesen

Brooks-Licis, Phyllis: Tanz in die Weiblichkeit, Saarbrücken 2014.
Gallegos, Eligio Stephen: Indianisches Chakra-Heilen, Saarbrücken 2014.
Gallegos, Eligio Stephen: Little Ed, Saarbrücken 2003.
Gallegos, Eligio Stephen: In die Ganzheit, Saarbrücken 2005.
Reznick, Charlotte: Innere Stark-Macher: Wie Kinder Stress und Angst in Freude und Selbstvertrauen verwandeln, München 2013.
Dies.: Die Kraft der kindlichen Imagination, DVD, München 2013

Links zu weiteren Informationen über Tiefenimagination

International: www.deepimagery.org & www.imageryinternational.org
Deutschland: www.krafttierreisen.de
Österreich: www.tiefenimagination.net & www.seelenraum.net
Schweiz: www.christian-lerch.ch

Über die Autorin

Jenny Garrison wurde seit 1991 von Stephen Gallegos sowie durch das International Institute for Visualization Research und die Academy for Guided Imagery in der Tiefenimagination – der Arbeit mit inneren Bildern – ausgebildet. Ihre Workshops finden überall in den USA statt. Gegenwärtig ist Jenny Garrison Präsidentin von Imagery International, einem Verband von Praktikern, die mit geführten Visualisierungen arbeiten (www.imageryinternational.org), und Mitglied des International Institute for Visualization Research (www.deepimagery.net).

Mehr über die Autorin auf Ihrer Homepage:

www.JennyGarrison.com

Dies ist der schonungslose Bericht einer Frau, die sich durch die wiederkehrenden Verletzungen ihrer Weiblichkeit gezwungen sieht, sich dem tiefinneren Weiblichen und dem Eigentlichen des Mutterseins zu stellen. Zwar hilft ihr schon eine Jungsche Psychoanalyse, sich endlich zu ihrem Wunsch, Mutter zu werden, zu bekennen, doch nach einer Lebendgeburt und drei Fehlgeburten bleibt eine tief verborgene Traurigkeit, die ihr Leben unterschwellig begleitet, ihr Herz blockiert und ihr die Lebensfreude verwehrt. Erst die Tiefenimagination, bei der man durch tiefe Entspannung seinen Chakratieren begegnet, mit ihnen sprechen und sich von ihnen helfen lassen kann, eröffnet ihr den Weg zur Auflösung des Traumas und zu wahrer Heilung.

Phyllis Brooks Licis
Tanz in die Weiblichkeit
Mein Weg der Heilung durch Tiefenimagination
Paperback, 128 Seiten, ISBN 978-3-89060-642-2

Von der Psychotherapie kommend und aus der Begegnung mit dem indianischen Totempfahl entwickelte Stephen Gallegos in den 1980-er Jahren den »Persönlichen Totempfahl-Prozess«. In der inneren Schau oder »Visualisierung« begegnen wir dabei in unseren Chakren bestimmten Tieren, die uns helfen, seelische Traumata zu heilen und das innere Wachstum auf einfache und wirkungsvolle Weise voranzubringen.

Stephen Eligio Gallegos
Indianisches Chakra-Heilen
Der Persönliche Totempfahl-Prozess
Paperback, 192 Seiten, ISBN 978-3-89060-633-0

Unscheinbar und schmutzig lag es am Wegesrand, das Kleinod. Nur wenige erkannten seinen Zauber, hoben es auf und lasen es. Jetzt, in der neuen Übersetzung, erstrahlt die Geschichte im vollen Glanz, für alle sichtbar! Bei Golden Bear lernt Little Ed nicht nur, einen Totempfahl zu schnitzen, sondern er lernt auch die Helfertiere kennen, die in ihm selbst wohnen. In dieser anrührenden Erzählung von Wandlung und Weisheit finden wir uns selbst.

Stephen Eligio Gallegos
Little Ed und seine Reise zu den Tieren der Kraft
Eine indianische Einweihung
Paperback, 144 Seiten, ISBN 978-3-89060-132-8

Jeder Mensch hat in seiner Seele ein »Selbstheilungsprogramm«. Von sich aus weiß die Seele, was sie braucht, um wieder ganz und heil zu werden. Mit seiner »tiefen Imagination«, schamanischen Reisen zu den Tieren der Kraft, hat Eligio Stephen Gallegos eine Methode gefunden und immer weiterentwickelt, die für jeden einfach zu erlernen und sicher anzuwenden ist, denn sie speist sich aus dem Wissen der Seele selbst.

Stephen Eligio Gallegos
In die Ganzheit
Meine schamanische Reise zur Selbstheilung
Paperback, 208 Seiten, ISBN 978-3-89060-136-6

Unsere Organe wollen als seelisch-leibliche Grundelemente unseres Seins, als Elementarwesen, wahrgenommen werden. Die Elementarwesen laden uns ein, unsere Sichtweise zu ändern und unsere Organe einmal anders zu erleben. Wenn wir uns auf die Wesen der Organe einlassen, erleben wir unseren Körper als ein wunderbares Konzert, in dem die Organe in höchster Virtuosität das Klangwunder unseres Körpers erzeugen. Über ihre Wesensportraits spiegeln uns die Elementarwesen die vollkommene Harmonie unserer Organe.

Ewald Kliegel, Anne Heng
Organwesen
Die Weisheit deines Körpers
Hardcover, 176 Seiten, 54 Farbtafeln, ISBN 978-3-89060-773-3

Shai Tubali hat über jahrelange Yoga-Praxis einen tiefen Zugang zu den Chakren gefunden, die in diesem Buch erstmals als feinstoffliche Anatomie unserer Seele beschrieben werden. Jedes der sieben Hauptchakren wird ausführlich in allen psychologischen Facetten behandelt. So können wir nicht nur erkennen, wo ein Chakra nicht richtig arbeitet, sondern lernen auch, wie wir es wieder ins Gleichgewicht und zur vollen Entfaltung bringen. Abgerundet wird das Buch durch Fragebögen zu den Chakren, mit deren Hilfe jede(r) Leser(in) sich ein genaues Bild der Stärken und Schwächen ihrer/seiner Chakren machen kann.

Shai Tubali
Chakren
Die sieben Energiekörper der Seele
Paperback, 272 Seiten, ISBN 978-3-89060-628-6